墨香财经学术文库

"十二五"辽宁省重点图书出版规划项目

The Effect of Social Capital
on the Performance of Consulting Projects
The Intermediary Role of Knowledge Transfer Between Projects

社会资本对工程咨询项目绩效的影响

项目间知识转移的中介作用

杜亚丽 ◎ 著

东北财经大学出版社
Dongbei University of Finance & Economics Press

大连

图书在版编目（CIP）数据

社会资本对工程咨询项目绩效的影响：项目间知识转移的中介作用 / 杜亚丽著.
一大连：东北财经大学出版社，2020.9
（墨香财经学术文库）
ISBN 978-7-5654-3925-4

Ⅰ．社…　Ⅱ．杜…　Ⅲ．社会资本-影响-建筑工程-咨询服务-项目管理　Ⅳ．F407.9

中国版本图书馆CIP数据核字（2020）第137183号

东北财经大学出版社出版发行

　大连市黑石礁尖山街217号　邮政编码　116025
　网　　址：http：//www.dufep.cn
　读者信箱：dufep @ dufe.edu.cn
大连图腾彩色印刷有限公司印刷

幅面尺寸：170mm×240mm　字数：148千字　印张：10.5　插页：1
2020年9月第1版　　　　2020年9月第1次印刷
责任编辑：田玉海　王　斌　责任校对：行　者
封面设计：冀贵收　　　　版式设计：钟福建
定价：45.00元

"东北财经大学'双一流'建设项目
高水平学术专著出版资助计划"资助出版

前言

如何提高建设工程项目绩效是工程项目管理领域一个重要且永恒的研究课题，学者和实践人员从不同的角度对此进行了大量的研究。但是随着工程项目的复杂程度和专业化程度日益加大，工程项目的参建方越来越多，需要协调的方面也越来越多，一些新的问题随之而来。一方面，工程项目形成了一种特定的社会网络关系，由此带来的社会化问题成为新形势下建设工程领域一个新的挑战。另一方面，近年来，社会资本理论蓬勃发展，它的强大解释力在管理学领域已得到了许多印证，但是对于"项目"这一介于组织与个人之间的层面却鲜有研究。基于此，本书从社会学的角度出发，研究社会资本对工程项目绩效的影响，以期对提高建设工程项目绩效提供一个新的视角，同时，也丰富社会资本理论在管理学领域的研究层次。

本书立足于工程咨询项目，探讨社会资本对工程咨询项目绩效的影响机制和路径，主要的研究内容如下：

第一，通过对以往关于社会资本研究文献的回顾，提炼出项目社会资本的三个维度和具体的研究指标，其中结构维度从网络中心性、互动强度、网络密度三个方面来分析，关系维度从信任和义务与期望两个方面来分析，认知维度从共同语言方面来分析。

第二，从项目这一群体层次出发，建立了组织层面、项目层面和个人层面三个层面的社会资本体系，构建了项目社会资本、知识转移和项目绩效之间关系的理论框架。

第三，构建项目社会资本的结构维度、关系维度和认知维度与项目间知识转移以及项目任务绩效和创新绩效之间关系的理论模型，并提出研究假设。在研究假设的基础上，通过参考已有的成熟量表以及开发新量表形成了最终的研究量表。

第四，通过对修订后的量表进行的调查，收集了研究所需数据。首先对所收集的数据进行了验证性分析，然后分别构建了基于一阶变量和二阶变量的结构方程模型，对研究假设进行了检验。

第五，归纳了本书的研究结论，指出本书的创新点与不足之处，并提出了后续研究的方向。

本书运用实证研究方法对上述内容进行研究，得出以下主要结论：

第一，社会资本的不同维度对知识转移的影响不同。

社会资本对项目间知识转移的作用强度依次为：个人层面项目社会资本的认知维度、组织层面项目社会资本的结构维度、项目层面项目社会资本的关系维度、项目层面项目社会资本的结构维度、组织层面项目社会资本的关系维度、个人层面项目社会资本的关系维度、个人层面项目社会资本的结构维度、项目层面项目社会资本的认知维度。

第二，社会资本的不同层次对知识转移的影响不同。

本书提出了基于项目的不同层次的社会资本体系，对社会资本的不同层次对项目间知识转移的影响进行了实证研究。结果表明，不同层面的社会资本对知识转移都具有显著的影响，对于项目间知识转移而言，个人层面的转移作用更加明显，其次为项目层面，然后是组织层面。

第三，知识转移在社会资本与项目绩效的关系中具有中介作用。

本书证明了知识转移在社会资本与项目绩效的关系中具有中介作用，说明社会资本是获取资源的社会网络关系。此外，本书再次验证了项目间的知识转移对项目绩效的作用，研究结果表明，项目间知识转移对项目任务绩效的作用大于对项目创新绩效的作用。

本书的创新点主要有以下三点：

（1）基于项目的角度研究社会资本，丰富了社会资本理论对群体层面的研究。

在以往的研究中，社会资本理论在个体层次和组织层次取得了很大的进展，但是对于群体层次，相关研究较少。项目是一个特殊的群体层次，具有临时性及复杂性等特点，在工程领域，项目是基本的活动单位，对于工程的建设和建筑业的发展具有重要的意义。本书正是基于项目的角度对社会资本理论进行了理论探讨和实证研究，进一步丰富了社会资本理论对群体层面的研究。

（2）构建了项目社会资本的跨层次体系，拓展了社会资本理论的研究视角。

以往对社会资本理论的研究，不管是从组织层面还是个人层面，抑或从群体层面，都是从单一层次入手，鲜有研究从跨层次的视角对社会资本进行探讨，本书从组织层面、项目层面和个人层面三个层次构建了项目社会资本的跨层次体系，并实证研究了不同层次的社会资本对项目绩效的影响，拓展了社会资本理论的研究视角。

（3）将社会资本理论引入项目管理领域，扩展了项目管理的研究思路。

社会资本理论已经广泛应用于管理学的很多领域，但是对项目管理领域的研究还不足，本书基于项目的视角，研究了社会资本通过知识转移的中介作用对项目绩效的影响，从社会学的角度对项目绩效进行了分析，扩展了工程项目管理理论的研究思路，对工程咨询项目的管理也具有一定的实践指导意义。

本书的出版得到了辽宁省社会科学规划基金项目"辽宁省推进PPP模式进程中的问题与对策研究"（项目编号：L16BJY022）和辽宁省教

育厅科学研究经费项目"PPP养老项目风险交互及动态演化研究"（项目编号：LN2020Q06）的资助，在此深表谢意。

杜亚丽

2020年7月

目录

1 导论

1.1 研究背景

如何提高建设项目绩效是工程项目管理的一个重要研究课题，随着工程项目的复杂程度和专业化程度日益加大，项目业主或其他客户往往难以依靠自身力量完成对工程项目的管理，在这种情况下，工程咨询行业应运而生。工程咨询项目的绩效不仅关系到咨询企业自身的发展，对整个工程项目的成功也具有非常重要的辅助作用。与此同时，社会资本理论蓬勃发展，它的强大解释力在管理学领域已得到了许多印证。基于此，本书试图从社会学的角度出发，运用社会资本理论对工程咨询项目的绩效进行研究和分析。下面将对工程咨询的发展、工程咨询项目的知识特性以及社会资本与工程项目绩效的契合之处进行具体的介绍与分析。

1.1.1 工程咨询的发展

所谓咨询,《现代汉语词典》中的解释为"征求意见"。咨询最初发起于个体咨询,在古代,个体咨询是指具有一技之长的人协助当事人进行决策。19世纪英国工业革命以后,个体咨询活动开始以自由职业的方式进行,由于当时建筑业发展很快,因此,个体咨询业也就首先在土木建筑业方面得到发展。随着经济的发展,个体咨询越来越不能满足形势的需要,咨询向着专业化的方向发展,成为一个专业行业。在西欧、北美的一些国家,相继出现了各种规模和类型的专业咨询公司,在土木、工业、农业、交通运输以及经济开发、海外投资等领域从事各项咨询业务。随着科学技术和生产力的不断发展,社会分工不断细化,许多领域都发展了自己的专业咨询,工程咨询就是其中之一。

工程咨询是近代工业化的产物,其最早出现在建筑行业中。1818年以英国建筑师约翰·斯梅顿成立的第一个"土木工程师协会"组织为标志,工程咨询业正式产生,但工程咨询业的名称正式应用是在1904年丹麦国家咨询工程师协会成立之时,历时近一百年。国际建筑业在20世纪初的第二次产业革命时已发展到一定阶段,1955年国际咨询工程师联合会的成立标志着国际工程咨询业的成熟[3]。经过这些年的发展,工程咨询业逐步规范化,作为一个独立的行业逐步发展,与此同时,工程咨询领域也不仅仅是最初的一般建筑工程行业,而逐渐扩展到工业、农业、交通运输等各个领域。

工程咨询是指为满足现代经济发展和社会进步的需要,集中工程专家的个人智慧和经验,运用现代科学技术和工程技术以及经济、法律、管理等方面的知识,为工程项目建设和管理提供的一种智力服务[4]。在国际上,工程咨询的概念更加广泛,一般认为,凡是向业主提供工程策划、勘查、设计、项目管理及施工监理等全过程技术和管理服务的业务都可统称为工程咨询或工程顾问[5]。国际咨询工程师联合会(FIDIC)发布的白皮书中也界定了咨询工程师(工程咨询公司)的业务范围,即包含投资前研究、可行性研究、规划和设计、采购执行（项目管理）以及项目运行，贯穿于工程项目建设的全过程[6]。2005年3月4日，国家发展和改革委员会发布的第29号令中对工程咨询下了如下定义："工程咨询是遵循独立、公正、科学的原则，运用多学科知识和经验、现代科学技术和管理方法，为政府部门、项目业主及其他各类客户提供社会经济建设和工程项目决策与实施的智力服务，以提高经济和社会效益，实现可持续发展。"在第29号令中，同时明确提出了我国工程咨询服务的范围，包括规划咨询，编制项目建议书，编制项目可行性研究报告、项目申请报告和资金申请报告，评估咨询，工程设计，招标代理，工程监理和设备监理，工程项目管理等八项内容。第29号令对于加强我国工程咨询业的管理和发展具有重要的作用和意义。

1.1.2 工程咨询项目的知识特性

由以上对工程咨询的定义可以看出，工程咨询行业是信息服务产业的一种，是典型的知识密集型行业，具有特殊的知识特性，具体表现如下：

（1）工程咨询项目的成果和生产过程都以知识为载体

工程咨询行业是一个典型的知识密集型行业，工程咨询项目的成果是以知识的形式体现的，其生产过程就是知识运用的过程。

与其他行业一样，任何企业的生产过程都是知识运用的过程，不同的是，工程咨询项目的各个流程都是知识产品生产的环节。对于一般的企业，知识资产通常只是一种中间产品，需要融入产品和服务当中去，才可以创造价值。但是对于工程咨询项目而言，其本质是接受业主或其他客户的委托为其提供服务，以实现其特定需求和目标的过程。咨询项目成员以自己的专业技能、知识、智慧、长期积累的经验帮助业主或其他客户解决工程建设过程中各个阶段中出现的问题，或者为客户提供最佳的解决对策和方案以帮助项目取得成功。工程咨询项目提供的不是有形产品，而是智力咨询服务。咨询项目的绩效取决于信息、知识、经验的运用、集成和创新。知识对于工程咨询项目的成败和竞争优势有着关键性的作用。

（2）工程咨询项目所需知识具有复杂性及交叉性

对于工程咨询项目而言，需要项目组成员发挥各自的智慧，运用自己所拥有的知识和经验协同工作，通过科学的方法和手段，共同完成业主或其他客户委托的任务。而由于工程项目往往涉及领域众多，业务范围十分广泛，各个学科内容复杂，且相互交叉，项目组成员仅仅依靠自己的知识和经验难以完成项目，同时由于项目的独特性，每个项目会遇到独特的问题，因而要求工程咨询人员不断地进行积累和创新，解决新的问题，这也使得工程咨询项目团队难以依靠一己之力，而需要不断地与外界进行知识的共享和交流。

综上，工程咨询的目的是为业主或其他客户提供有用的信息，辅助业主或其他客户完成决策，提高项目管理质量，对整个建设工程而言，工程咨询具有非常重要的作用，咨询项目的成功与否很大程度上决定着项目的成败。而工程咨询是典型的知识密集型行业，知识是工程咨询项目竞争力的根本源泉，对项目的成败具有举足轻重的作用。

1.1.3　社会资本理论的发展

自20世纪90年代后半期以来，在管理领域中社会资本理论蓬勃发展，近几年，在管理学领域的顶级杂志上，刊登了许多应用社会资本理论视角和研究方法进行的研究。研究者将这一概念应用于工作绩效、资源交换、组织创新、组织间合作等多种管理问题的研究中，取得了一系列的研究成果。

按照社会学的观点，嵌入在社会结构中的任何行动者之间的关系都可以划分为以下三种：市场关系、科层关系以及社会关系。市场关系是指行动者用货币或者物品交换商品和服务的关系；科层关系则体现的是服从于权威，以此获得某种物质或者精神的保障；而行动者在社会关系中交换的则是帮助与礼物。社会资本理论之所以蓬勃发展，究其原因，是因为它是建立在对传统市场理论与科层理论的发展基础之上的。Adler和Kwon[7]将这三种关系的区别总结见表1-1所示。

表1-1　　　　　　　　　　　　市场、科层和社会关系

项目＼维度	市场关系	科层关系	社会关系
交换的内容	用货币或等价物来交换物品和服务	为了获得物质和精神的保障而服从权威	帮助、礼物
交换条款的具体性	具体的	模糊的（雇佣合同一般没有规定员工所有的义务，仅仅要求员工服从命令。也有另外一些科层关系，即使没有明确，但是隐含地让员工事先承诺服从命令或法律）	模糊的（今天我对你的帮助会在将来的某个时候得到回馈，但只有到将来才能确定）
交换条款的清晰度	显性的	显性的（雇佣合同明确地规定了条款与条件，即使不是具体的。其他类型的科层关系与此相似）	隐形的（一种隐含的认识是，今天我对你的帮助会在将来某天得到回馈）
交换的对称性	对称的	非对称性（科层是统治的一种形式）	对称的（时间是不具体和明确的，但帮助最终是要回馈的）

资料来源：ADLER P S，KWON S.Social capital prospects for a new concept ［J］. Academy of Management Review，2002，27（1）：17-40.[7]

　　由表1-1可以看出，市场关系、科层关系与社会关系分别体现出了资源交换的不同治理机制，与这三种关系相对应的经典学科分别是经济学、管理学与社会学。信息完备的完全竞争市场是经济学的分析基准，然而随着博弈论和信息经济学等学科的发展，经济学家们逐渐认识到市场的常态是信息的不对称与不完备，并在不完全和隐性契约的分析中引入了重复博弈和声誉机制等。同样，在管理学领域，管理者能力的限制以及信息的不充分，使得任何一个组织都难以完全通过科层式的命令来进行有效的管理，正因如此，以人为本、充分授权和相互信任逐渐发展为组织管理的趋势。由此可以看出，当前经济学和管理学渐渐从社会学的社会机制中汲取营养来研究市场与科层关系，强调了在信息不完全的

动态环境下，社会机制在某些资源交换关系中的治理优势。社会资本理论的本质揭露了相对市场与科层机制，社会机制在不完全信息环境中更有利于行动者获取和交换资源，这也正是在跨学科研究中社会资本理论受到如此重视的关键原因[8]。

1.1.4　社会资本与工程咨询项目的契合

如前所述，工程咨询项目以知识为载体，是工程咨询企业竞争优势的根本来源，随着知识经济的兴起，知识正逐渐成为组织中最重要的生产要素，取代了金融资本和自然资源的传统地位。知识管理水平决定了咨询企业能否在竞争中实现知识资本增值，并最终提高组织核心竞争力，而知识转移作为知识管理的核心步骤之一成为关注的焦点。工程咨询项目的对象是工程项目①，而工程项目有别于其他行业，具有独特的特点，主要有：

（1）工程项目组织的临时性

工程项目与其他项目的一个重要差别就是工程项目组织的临时性和不稳定性，工程项目参与方（如业主、设计方、承包商、供应商、监理单位、项目管理公司等）在不同阶段陆续介入项目活动中，基于各自利益以契约关系的形式联系在一起，在工程项目实施结束后，组织往往自行解散。

（2）工程项目的一次性

工程项目的一次性是指建设项目具有不可逆性，即工程实体一旦完成，建设即结束，建设过程是不可逆的，这一特点使得知识的运用在项目建设过程中显得尤为重要，决策的质量直接影响到项目的成败。

（3）工程项目的唯一性

工程项目的唯一性是指任何两个项目都不是完全相同的，这使得项目知识的积累可以为后续类似项目的决策及建设实施提供知识支撑，避免发生同样的错误，并吸收成功的经验，降低建设项目决策失误的概率，提高建设项目的成功率和管理水平。

---

① "工程项目"是指为了形成工程实体这一特定目标而进行的投资建设活动，"工程咨询项目"则特指为业主或其他客户提供的咨询服务活动，如无特指，本书中出现的"项目"均指"工程咨询项目"。

（4）工程项目资源的限制性

工程项目在建设过程中往往受到多方面条件的限制，如在规定的时间内，在一定的人力、物力和财力投入的条件下，达到预期的功能和质量等条件的要求，这些约束条件成为项目管理的主要目标。

（5）工程项目的复杂性

工程项目涉及的领域众多，因此参与方众多，各单位之间需要互相协调和合作来共同完成项目，这给项目的实施带来了极大的困难，这种情况随着世界经济全球化、工程项目复杂化、技术高度专业化而更为明显。

基于以上工程项目的特点，项目组成员难以掌握建设过程中所需的全部知识，同时由于项目时间和资源的限制，重新学习所需成本太高，而只能通过寻找所需知识的来源来弥补知识的缺口。有效的项目间知识转移能够避免大量的重复工作、节约项目资源、提高知识创新，最终实现项目目标。对于如何实施知识管理，许多研究将知识转移认为是组织过程、技术或程序[9, 10]，而忽略了知识转移作为一个社会化过程的本质。项目间的知识转移有赖于项目间成员的互动沟通，实现项目的知识共享，这与社会资本理论的内在逻辑相同。社会资本是蕴含在社会行动者之间关系网络中的、可在社会行动者之间转移的资源，任何社会行动者必须通过关系网络发展、积累和运用这种资源，而不能单方面拥有这种资源[11]，丰富的社会资本有助于项目获得这些可用的资源，以实现项目目标。社会资本理论以社会网络中的联系作为分析重点，而项目间的知识转移正是知识转移方与知识接受方互动的过程，因此，社会资本与工程咨询项目知识转移有逻辑上的契合点。

1.2 研究意义

本书的研究意义从理论和实践两个层面进行说明，具体如下：

1.2.1 理论意义

（1）对项目层面的社会资本进行研究，进一步丰富了社会资本理论

的研究层次

社会资本具有多方面的作用，近些年来已成为管理学领域的研究热点。对于个人来讲，社会资本可以帮助个人寻找工作、影响个人工作绩效和事业成功等[12, 13]；对于组织，社会资本不但对组织绩效、创新绩效等有影响，也影响着员工对组织的忠诚度等[14, 15]；甚至对于地理区域和国家，社会资本也影响其繁荣与发展等[16][17, 18]。从研究层次上来说，对个体层面和企业层面的社会资本的研究较多，而群体层面的研究相对较少，仅有少数研究涉及部门或小组层面的社会资本[19][20, 21]，但是对于项目社会资本的研究鲜有人涉猎。本书基于项目层面的研究，丰富了社会资本理论的研究层次。

（2）将项目社会资本分为三个层次，进行跨层次分析，增加社会资本理论的解释力

尽管学者们从不同层次、不同视角对社会资本进行了大量的研究，但是以往的研究都是基于单一层次进行的，即某一个层面的社会资本对该层次的作用及影响的研究，而忽视了跨层次社会资本的作用力。因此，本书基于项目角度进行了组织层面、项目层面和个人层面的跨层次研究，拓展了社会资本理论的研究视角。

（3）基于工程咨询项目领域进行研究，拓展了社会资本理论的研究领域

尽管对于项目管理中的知识管理问题已有不少文献与研究在进行探讨，但大多数都是从宏观的角度进行研究和分析，缺乏特定的行业背景，针对性不强，从而导致很多研究结论比较泛化，难于对企业形成真正有效的借鉴作用。同时，建筑施工项目由于其生产周期长、规划不确定性大、参与人员复杂程度高等特点，同软件开发项目等其他类别的行业有着显著的区别，对其的项目管理研究一直是项目管理中的重点研究领域。因此，本书选取工程咨询这一特定的领域来进行研究，拓展了社会资本理论的研究领域。

（4）用社会学的理论来研究工程咨询项目的绩效，拓展了项目管理理论的研究视角

由于知识积累的长期性和情境性，从社会网络中获取知识成为一个

有效的方式，尤其对于工程项目这种临时性、复杂性的项目而言，从社会网络中获取知识对提高项目绩效来说具有十分重要的意义。本书试图从社会资本理论的角度研究知识转移的影响因素，找出影响知识转移的症结所在，从而促进项目绩效的提升。用社会资本理论来研究工程咨询项目的绩效，突破了以往从经济学等角度研究的局限，从社会学的角度重新审视工程咨询项目绩效这一问题，拓展了项目管理理论的研究视角。

1.2.2　实践意义

工程咨询项目的绩效不仅对其本身至关重要，对于整个工程项目的影响也是非常关键的。工程咨询项目的知识特性，使得如何获取知识成为关系到项目绩效的关键因素，因此，实现有效的知识转移对工程咨询项目具有十分重要的意义，而社会资本理论与知识转移具有共同的内在逻辑性，运用社会资本理论来分析对项目绩效影响的因素，对于成功实施工程咨询项目具有重要的实践意义。借助本研究的结论，对项目应该通过哪些路径提高项目社会资本水平，促进知识转移的过程，最终提高项目的绩效具有指导意义。

1.3　研究目标及研究内容

1.3.1　研究目标

本书从社会资本的角度来考察工程咨询项目的绩效，通过对项目社会资本的作用及其研究层次的划分，对不同层次的项目社会资本通过项目间知识转移的中介作用对工程项目的绩效进行了有益的尝试，概而言之，本书试图实现以下几个研究目标：

（1）建立研究的理论框架

在项目管理领域，项目绩效一直是学者们和实践者们共同关注的重要领域，而从社会学的角度，基于社会资本理论对项目绩效的探讨还是一个较新的视角。工程咨询项目具有知识密集型与复杂性等特点，知识对于工程咨询项目的绩效而言具有决定性的作用。因此，知识获取的路径及影响因素是工程咨询项目能否成功的关键性因素。社会资本理论从社会学的角度很好地解释了知识等资源的流动，这给予本研究很大的启发，基于此，本书试图通过社会资本理论，构建对项目绩效影响的理论框架，剖析在工程咨询项目中不同层次的社会资本影响知识转移和项目绩效的关键因素。

（2）运用综合性方法进行实证研究

本书同时采取文献分析、调查研究与定量研究等方法，相互补充与印证，提高研究的信度和效度。首先，在已有理论的基础上进行了文献回顾与分析，在总结的过程中发现以往研究的不足，并提出本书的研究框架；然后，通过对重点样本进行半结构性访谈，开发及修改研究量表，提出一个尽可能完善并适宜的测量工具；最后，以工程咨询项目人员作为调查对象，进行大规模数据收集和定量研究，以检验和解释上述研究框架的逻辑和假设关系。

（3）进行工程咨询项目绩效管理的分析

如前所述，工程咨询项目的绩效是项目管理领域中非常重要的研究问题，本书试图从社会资本的角度来对项目绩效进行分析和研究，研究结果将对项目管理领域的实践产生一定的指导意义。将社会资本理论与项目管理两大领域相结合，其研究结果的分析不仅将丰富社会资本理论，更将对项目管理理论有一个新的认识。因此，本书将对研究结果进行详尽的分析，以期对工程咨询项目的实践产生指导作用。

1.3.2　研究内容

本书在社会资本理论研究的基础上，立足于工程咨询项目，结合知识转移的相关研究成果，探讨社会资本对工程咨询项目绩效的影响机制和路径，主要的研究内容如下：

（1）通过对以往关于社会资本研究文献的回顾，提炼出项目社会资本的三个维度和具体的研究指标，其中结构维度从网络中心性、互动强度、网络密度三个方面来分析，关系维度从信任和义务与期望两个方面来分析，认知维度从共同语言方面来分析。

（2）从项目这一群体层次出发，针对工程咨询行业，建立了组织层面、项目层面和个人层面三个层面的社会资本体系，构建了项目社会资本、知识转移和项目绩效三者之间关系的整体理论框架。

（3）在理论分析的基础上，构建了组织层面、项目层面和个人层面三个层面项目社会资本的结构维度、关系维度和认知维度与项目间知识转移、任务绩效和创新绩效的理论模型，并提出研究假设。在研究假设的基础上，参考以往研究的成熟量表，对模型中的变量进行了量表开发，并通过小样本测试，利用信度分析和探索性因子分析对量表的信度和效度进行了验证，得到了最终的研究量表。

（4）通过对修订后的量表进行大规模的调查，收集了研究所需数据。首先对所收集的数据进行了验证性分析，然后分别构建了基于一阶变量和二阶变量的结构方程模型，对研究假设进行了检验。

（5）归纳了本书的研究结论，指出本书的创新点与不足之处，并提出了后续研究的方向。

1.4 研究方法与路径

1.4.1 研究方法

本书在研究方法的选择上，采用了规范研究与实证研究相结合的方式，主要采取文献研究法和实证研究法两种方法，遵循"文献回顾—提出假设—形成问卷—调查数据—实证分析—得出结论"的研究思路，具体如下：

（1）文献研究法

充分利用文献资料和数据库系统，以及搜索引擎等工具，对相关文献进行了收集和大量的阅读，在此基础上，做出了相关的文献综述，提出了概念模型、理论模型和研究假设，并根据以往文献中成熟的研究量表进行了本研究量表的开发。

（2）实证研究法

本书的实证研究法主要包括调查访谈、问卷调查和数据的分析与处理等方面。在正式开发量表之前，通过对相关人员的访谈调查为本研究提供了初步的思路，并在量表开发后，对研究量表提出了修改意见和建议。本研究收集数据的主要方法是问卷调查，通过对工程咨询项目人员的问卷调查，得到了研究所需数据。最后通过 SPSS 18.0 和 SmartPLS 2.0 等统计软件采用结构方程模型的分析方法进行了数据的分析与处理。

1.4.2 研究路径

研究路径是全书的总体性规划，是为了达到研究目的而设计的指导性框架。本书的研究路径如图 1-1 所示。

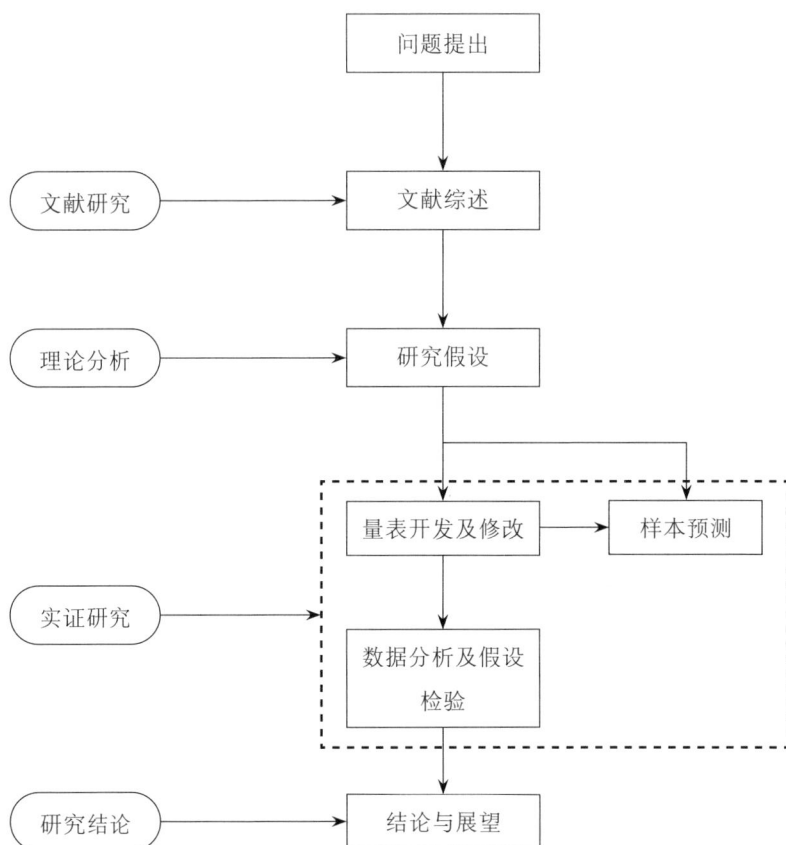

图 1-1 研究路径

1.4.3　结构安排

本书的研究内容共分为六章，具体如下：

第一章引言。本章首先阐述了"社会资本对工程咨询项目绩效的影响"这一研究问题的背景及意义，接着对本书的研究内容进行了介绍，最后介绍了本书的研究方法、研究路径与结构安排。

第二章研究综述。本章分别对社会资本理论、知识转移、绩效以及三者之间的关系的现有研究进行了深入系统的回顾，并对已有的研究进行了评述，奠定了本研究的理论基础。

第三章概念模型与研究假设。首先，基于已有的研究，构建了组织、项目及个人三个层面的项目社会资本的衡量体系。然后，提出了本研究的概念模型。最后，根据理论分析、访谈结果以及研究目的，提出了各变量之间的研究假设，构建了本研究的理论模型。

第四章研究设计与方法。本章首先介绍了问卷设计的原则与过程。然后对自变量、中介变量、因变量及控制变量分别进行了测量。最后，通过小样本数据的收集，对研究量表进行了初步分析和检验，并根据分析结果得到了最终的研究量表。

第五章研究假设的检验与结果分析。本章共分为八个研究内容：第一，对数据的获取进行了简单介绍，并对大规模样本进行了描述性分析。第二，介绍了本章的分析方法与操作软件。第三，对大规模样本数据进行了信度与效度检验。第四，讨论了调查方法的偏差分析。第五，构建了基于 PLS 的一阶结构方程模型并进行了研究假设的检验。第六，对中介变量进行了验证。第七，构建了二阶因子模型并进行研究假设的检验。第八，对检验的结果进行了总结。

第六章研究结论与展望。首先，对本研究的结论进行了总结，并给出了实践性的建议。其次，总结了本研究的创新点。最后，分析了本研究的不足之处以及对未来的研究展望。

2 研究综述

本章的研究目的是通过对以往研究文献的梳理，奠定本书的研究基础与理论依据，具体来讲，本书从社会资本、知识转移、绩效以及三者之间关系等方面进行了分析。

2.1 社会资本理论

社会资本是新经济社会学的核心概念，最初由经济学中的"资本"概念演变而来。20世纪90年代以来，在所有社会科学领域，社会资本这一概念几乎都引起了高度重视，成为热门概念。经济学中"资本"的概念最初指的是物质资本，随着舒尔茨（Schultz）[22]首次在经济学中引入人力资本（Human Capital）的概念，使得"资本"扩展成更广义、抽象的层次，摆脱了具体的物质形态，成为能够带来增值价值的所有物质与非物质资源的总称。20世纪70年代，Bourdieu[16]、Coleman[23]等人提出社会资本（Social Capital）的概念，将社会关系和社会结构纳入资本分析的范畴，进一步扩展了资本的内涵，突出体现了社会资本特有的社会性和非物质性的特征。

2.1.1 资本的概念

在经济学研究中，人们对"资本"进行了大量的研究，它一直是一个非常重要的概念，是促进经济繁荣和社会发展的重要因素。就其本质而言，资本的内涵随着社会和经济的不断发展而日益丰富，它是一个不断扩展的概念。马克思[24]认为，在生产和消费之间形成商品和货币的流通，控制生产资料的资本家或资产阶级在此流通过程中获得剩余价值，其中一部分用于个人消费，而另一部分用来购买扩大生产规模所需追加的生产资料和劳动力，这部分即资本，林南[25]将之称为古典的资本理论。马克思认为资本与生产力相联系的首要特点，是无论资本以何种形式出现，它的最终目的都是要实现价值的增值。

古典经济学家，以亚当·斯密为代表，将资本与土地、劳动并列为三种推动经济增长的最基本生产要素，他们认为资本指的是能够生产产品的物质资本或物质资本的象征物（货币），是资本家为了获得利润（或剩余价值）而用以生产的生产资料[26]。

随着生产力的不断发展，人们开始发现，资本作为生产力的组成部分，并不仅仅指物质资本，以技能、教育和培训等形式表现出来的人力资本也逐渐成为生产力的重要组成部分，资本内涵得以进一步丰富和扩展。20世纪50年代，美国经济学家舒尔茨[27]和贝克尔[28]通过研究社会经济增长，首次提出了"人力资本"的概念，突破了以往资本只是货币资本和物质资本的局限。舒尔茨[27]的研究，用大量的实证资料证明了物质基础的厚薄不再是决定一个国家或地区经济发展的关键因素，也不再取决于货币投资的多少，而决定国家竞争优势的关键要素已变成人力资本的多少、知识和技术创新能力的高低。贝克尔等人[28]认为，可以用人力资本理论来解释很多复杂的经济与社会现象，这其中包括：第一，收入一般都是随着年龄的增长而按递减的比率增长；第二，失业率通常反方向于技术水平的发展；第三，相对于发达国家的企业，不发达国家的企业对雇员表现出了更多的家长作风，即发达国家企业雇员的人力资本含金量更高，流动性也更大；第四，相对于老年人，年轻人变换工作更为频繁;第五,相对于典型的有形资本投资者,人力资本投资者更加容易冲动。不同于传统的"物质资本",人力资本是一种"非物质资本",它通常是指个人所具备的知识、才能、技能和资历等要素的总和。人力资本理论大大丰富了资本概念的内涵,同时揭示了在财富创造中人的知识与创新能力的重要性。

然而,不管是物质资本还是人力资本,本质上都属于经济性的资本。到20世纪七八十年代,人们认识到仅仅有物质资本和人力资本不足以对现实世界进行充分有效的解释。随着社会经济的发展,人类的交往范围和交往半径不断扩展,于是,经济行为个体之间在社会联系中形成关系网络并建立博弈信任关系的研究逐渐得到重视,社会资本概念和理论应运而生,并逐渐被引入经济学、社会学和管理学之中。其基本的观点就是,在经济活动中,行动者所拥有的社会资源也可以作为生产领域的一种生产要素,作为除了物质资本和人力资本之外的另一种类型的资本,即社会资本,它在经济生活中同样发挥着不可忽视的关键作用[18]。至此,由物质资本扩展到人力资本,再扩展到社会资本,资本的概念被进一步拓宽。因此,从某种意义上说,社会资本是资本的一种外延扩展,是"资本"不断泛化的结果。

2.1.2 社会资本的概念

随着社会资本理论的发展,国内外的研究者都对社会资本的概念与内涵进行了界定与研究。

(1) 国外学者对社会资本概念的研究

最早使用社会资本概念的是经济学家Loury[29],在《种族收入差别的动态理论》中,他认为在研究种族间收入不平等时,新古典经济学理论过于注重人力资本的作用,并对这种观点进行了批评。Loury基于社会结构资源对经济活动影响的角度,首次提出了社会资本这一概念,成为与物质资本、人力资本相对应的一个崭新的理论概念。在他看来,社会资本是存在于家庭关系与社区的社会组织中的诸多资源之一。但是,Loury并没有对社会资本这一概念进行系统的研究,因而也没有能够引起学界的重视。

1986年，Bourdieu首次正式提出了社会资本概念的系统表述，他将社会资本描述为"实际或潜在资源的集合，这些资源与由相互默认或承认的关系所组成的持久网络有关，而且这些关系或多或少是制度化的"[16]。Bourdieu基于社会网络的角度对社会资本进行了研究，开创了社会网络分析的社会资本研究派别，并为后来的社会资本研究者所继承和发展。Bourdieu从工具性的角度给社会资本下了定义，将经济资本向社会资本转化作为研究重点，并关注于个人社会资本的研究，但没有深入分析社会资本的结构，因此，他提出的社会资本的概念虽在理论上较为精炼，但还是比较模糊。

自从Bourdieu在学术研究中引入"社会资本"的概念以来，越来越多的学者们开始采用社会资本作为解释经济与社会变化的重要变量，其表现出的强大解释力被越来越多的研究者们所重视。

作为在理论上对社会资本给予了全面而具体的界定和分析的第一位社会学家，Coleman[23]认为社会资本应该根据其功能定义，它不是一个单一体，而应该有很多种，而且都包括社会结构的某些方面，并有利于处于某一结构中的行动者——无论是个人还是集体行动者的行动。社会资本和其他形式的资本一样，也是生产性的，在缺少它的时候，某些生产性的目的不会实现。社会资本不是某些活动的完全替代物，与物质资本和人力资本一样，也只是与某些活动具体联系在一起。在这个定义中，Coleman认为在组织拥有的资本中，社会资本是与财务资本、人力资本并列的，他认为社会资本是寓于人际关系之中的，反映了一个组织或个人的社会关系，它代表了组织或个人与其他组织或个人的关系，强调的是社会资本的结构性质及其公共产品性质。他认为社会资本有以下几种表现形式：第一，义务和期望；第二，信息网络；第三，规范与有效惩罚；第四，权威关系；第五，多功能社会组织和有意创建的社会组织等。

对社会资本提出更为精致和全面的表述的学者是Portes[30]，他认为社会资本是嵌入（Embeddedness）的结果，是一种获取稀缺资源的能力，是个人通过他们的成员身份在网络中或者在更宽泛的社会结构中所获取的，该获取能力是包含于个人与他人关系中的一种资产。Portes借用 Granovetter（1985）的观点，对理性嵌入和结构性嵌入进行了区分。他认为双方基于以往的互惠关系，建立能够预期双方关系取得强迫对方承认的能力的基础上的嵌入，称之为理性嵌入。然而，随着相互期待的增加，信任会有所增加，而当行动的双方作为嵌入到更大网络的一部分时，各种约束因素会被更大的社区强制推行，即 Portes 认为的"可强制推行的信任"。通过从由双方约束预期调节的社会联系向由强制推行的信任调节的社会联系的过渡，Portes 把社会资本的概念从自我中心层次扩展为更宏观的社会结构影响的层次。他区分了另外两种社会资本，即：第一，使价值和规范内化，能够驱使一个人建立社会联系，或者因为一般道德命令而把资源转让给别人；第二，有限团结，可以促使一个人建立社会联系，或者因为内部认同，出于集体的需要和目标，而把自身所有的资源转让给他人[31]。

Burt[32] 对社会资本的定义是"朋友、同事和更普遍的联系，通过它们你将得到使用或其他形式的运用资本的机会"，他认为社会资本就是企业内部和企业之间的关系，而这种关系是最终决定竞争是否能够成功的关键。Burt 在对社会资本的研究中，提出了著名的"结构洞"（Structure Hole）理论，该理论强调处于关系稠密地带的结构洞的重要性，认为企业家应该联结不同的且一定程度上相互间隔的关系网络，以期为企业带来新的资源。Burt 指出，社会资本是一种资源，是社会行动者从社会关系网络中所获得的，他认为企业作为有目的的社会行动者，社会资本不可避免地被应用到企业层次，因此，他的概念将社会资本从个人层次延伸到了企业层次。

不同于以往的描述，Putnam[18] 认为社会资本是一种组织特点，如信任、规范和网络等，它能够通过促进合作而达到提高社会效率的目的，他的论述将社会资本的概念扩大到了社区和国家。Putnam 把社会资本与公民参与网络联系起来，基于"社会资本存量"这一概念，他认为促进个人行动的目的完全是社区的繁荣，或者说，丰富了社会资本存量的副产品。在他看来，社会资本属于全社会所拥有的财富，不再仅仅是某一个人拥有的资源，而社会资本的丰富程度在很大程度上限制着整个社会的经济繁荣与民主发展[18, 33]。作为长期被主流经济学所忽略的基本关系，Putnam将其转换成潜在经济能力与行为差异的概念，来解释对集体行为、长期选择以及经济发展所需依赖的结构与制度安排。他的观点在20世纪90年代被许多学者所赞同，并被广泛地应用到各个层面的研究之中。

Fukuyama[34] 将社会资本定义为一种能够帮助两个或更多个体之间相互合作并可用事例说明的非正式规范，这种规范必须能够促进群体内的合作，因此，并不是所有能够用事例说明的规范都属于社会资本，它们往往与诸如诚实、遵守诺言、履行义务及互惠之类的美德联系在一起。Fukuyama认为在社会或群体的成员之间的信任普及程度是一种社会资本，而该社会资本在很大程度上决定了社会的经济繁荣程度，他从经济发展与社会特征的方面对社会资本进行了考量，认为成就社会经济差异的重要因素之一就是社会资本的实力。

林南[35] 对社会资本的定义最为全面，他在综合了马克思的资本概念、舒尔茨的人力资本概念，以及 Bourdieu、Coleman 和 Putnam 等人关于社会资本概念的基础上，提出社会资本是一种嵌入在社会结构之中，并且可以通过有目的的行动获得的资源，是投资在社会关系中并希望在市场上得到回报的。他对社会资本的界定主要有三个方面的内容：第一，社会资本不能脱离社会关系，它是植根于社会网络或社会关系之中的，离开社会关系谈论社会资本是没有意义的；第二，社会资本是一种资源，并且可以带来物质资本（如货币、财产等）和社会资本（如人力资本、声望、信任以及规范等）的增值；第三，社会资本不仅是指镶嵌于社会关系中的资源，同时也是人们为了获得效益而进行的一种投资活动。林南认为社会行动不仅包括工具性行动，还包括情感性行动。工具性行动是指为了获得行动者现阶段不拥有的资源而进行的活动，而情感性行动则是指为了维持行动者已经拥有的资源而实施的活动。其中的社会资源，是指那些虽然不被个人直接占有，但是可以通过个人直接或者间接的社会关系而获得的嵌入到个人社会网络中的资源。林南认为，有三个因素决定着某个个体拥有社会资源的数量和质量：一是个体社会网络的异质性；二是网络成员的社会地位；三是个体与网络成员的关系强度。他将行动者有目的的行为，通过强调社会资源的作用，放到了一个结构中去考察，承认了这种结构对于行动者选择行为的影响。不同于 Coleman 和 Putnam 的研究角度，林南是基于个人主义的视角，从个体主义原则出发，以互动的关系论视角来强调结构中的行动者的选择能力，综合以往的研究成果并发展了社会资本理论。林南的理论突出了社会资本关系性和生产性这两个重要属性，为发展和完善社会资本理论奠定了良好的理论研究基础。

（2）国内学者对社会资本概念的研究

张其仔[36]是国内对社会资本概念研究比较早的学者，他的研究主要是对社会网络范畴的研究，他将社会资本看成是一种关系网络，主要有两方面的性质：一是社会网络是最重要的一种人与人之间的关系；二是社会网络是资源配置的一种重要方式。他认为，社会资本至少包含四种要素，即结构要素、资源要素、规则要素和动态要素，要分析社会网络，不仅要分析网络本身，还要分析网络中流动的要素构成。卜长莉等[37]的研究同样将社会资本定义为一种社会关系网络，这种社会关系网络基于一定的社会关系，为了特定的群体或组织的共同收益，而以一定的文化作为内在的行为规范，通过人际互动而形成的。李惠斌和杨雪冬[38]也认为社会资本是一个社会网络，核心为规范、信任和网络化，是区别于物质资本、人力资本的，能够从数量和质量上双重影响网络中的组织结构、相互关系以及信念，具有互动性和生产性。处于一个共同体之内的个人或组织通过长期与内外部成员的交往，形成一系列的认同关系，并在这些认同关系背后积淀了许多传统、价值观、信仰以及行为规范等。在他们的概念中，社会资本不是朝夕形成的，而是经过了长期积累，体现出了个人、组织相互关系的认同性、互利性，以及这些联系的稳定性和扩展性。同时，他们的研究也反映社会资本的形成和发展具有路径依赖特征，也就是说，社会资本通过某些形式如家庭、关系网络、社会信仰、信任、互惠以及惯例等体现出来。

边燕杰[39]对企业社会资本的界定是通过用企业的纵向联系、横向联系和社会联系来介绍社会网络与求职过程的系统。边燕杰和丘海雄[40]将企业通过与经济领域中的各个方面建立起的各种网络来摄取稀缺资源的能力称为社会资本，他们认为这需要经过积累和再生产，并且是企业发展不可缺少的要素之一。边燕杰[11]提出社会行动者之间的关系网络是社会资本赖以存在的形式，而本质上社会资本是这种关系网络所蕴含的，并且能够在社会行动者之间转移的资源。他认为任何社会行动者都只能通过关系网络发展、积累和运用这种资源，而不能单方面拥有这种资源。他区分了社会网络与社会资本的概念，认为社会资本存在于网络中，但是并不等于社会网络，实际上，他把社会资本看成一种能力，是通过关系网络发展、积累和运用资源的能力，他的观点发展了对社会资本概念的理解。顾新等[41]也认为社会资本是一种能力，是指两个以上的个体或组织，通过相互联系与相互作用的社会网络关系来获取资源的能力，而且他们进一步强调了获得的资源本身并不是社会资本，社会资本是指获取资源的能力。徐延辉[42]也将企业社会资本界定为获取社会稀缺资源的能力，他基于经济社会学比较分析的视角，认为这种能力是基于企业家和员工个人品行或信任而产生，并且通过企业的社会交换能力而表现出来的。同时，徐延辉以企业可以实现的社会交换的距离和密度为标准，将企业社会资本划分为内部和外部两部分。

综合以上国内外学者对社会资本的研究，可以总结出以下几种观点：一是认为社会资本是一种社会网络；二是认为社会资本是一种普遍联系或社会关系；三是认为社会资本是行动者嵌入于社会结构中的一种资源；四是认为社会资本是社会关系中表现出的信任、规范、制度等。尽管不同学者对社会资本的概念界定不太一致，但是他们对社会资本内涵的认识是一致的。第一，社会资本是一种资源，可以为其拥有者带来利益，而社会行动者的能力制约着其受益的程度。第二，社会网络关系是社会资本的载体，制度化的社会网络关系是其表现形式。社会行动者通过占有制度化关系网络而获取资源，这种制度化的网络存在于特定的工作关系、群体关系和组织关系中。第三，社会资本作为资本的一种延伸概念，具有资本的生产性。社会资本作为其他资本的替代品，可以弥补其他资本的不足。这也决定了诸如信息共享、知识传递、互利互惠的集体行动等社会资本效能的存在。第四，社会资本的制度性。社会资本的制度性是指以规则和管制等形式存在的社会制度，它们可以规范和约束行动者的行为。第五，社会资本同时具有公共物品和私人物品的特征。这表现为在不同网络视角下，社会资本具有不同的特征，例如，闭合网络下主要表现出公共物品的特征，而在开放网络下则主要表现为私人物品的特征。

2.1.3　社会资本的分析层次

学者们最初对社会资本研究是以个人为主体的，后来随着研究的进展，许多学者发现，社会资本不仅可以在个体层面，还可以在其他很多层面上进行研究，如组织层次、组织间层次以及整个国家层次等[19]。

Coleman[23] 作为社会资本理论的先驱，他以社会资本的投入是为个体还是为群体带来回报为划分标准，将社会资本分为个体社会资本和群体社会资本。因为个体社会资本的回报是针对个体的，在某种意义上，其含义与人力资本相似，但是，个体社会资本回报积累到一定程度，也是可以为群体带来效益的；而群体社会资本可以视作一种集体资产，是指群体中所拥有的现实的和潜在的各种关系网络资源的总和，不仅能够提升群体成员的工作机会，还能改善其生活质量。

企业是经济活动中非常重要的基本活动单元，也是一个特殊的群体，将社会资本延伸到企业层次的是 Burt[32]，他认为，竞争成功的最后决定者是企业内部和企业之间的关系，即社会资本。Koka 和 Prescott[43] 分析了社会资本可以由个人层次扩展到企业层次的原因，他们认为，由于社会资本是存在于社会关系网络中的一种资源，行动者通过有目的的活动来获得这种资源，而有目的的活动是企业活动的逻辑，因此，社会资本被引入到企业层面。

Brown[44] 和 Turner[45] 对社会资本的诠释是一个很好的分类，他们提出将微观、中观、宏观等三个维度的分析作为观察社会资本的方式。其中，微观层面探讨的是社会实体（个体、组织、团体）如何通过社会网络调动资源。中观层面探讨的是连带网络中社会实体之间的联系类型以及其社会结构位置如何带来资源。宏观层面讨论外在文化、制度与社会等因素对社会网络中联系性质的影响。

不同于 Brown 的划分，Adler 和 Kwon[7] 采取了一种两分的方法，将社会资本分为外部社会资本和内部社会资本。他们将微观层次和部分中观层次（个体在社会网络中的结构位置）合称为外部社会资本，这是由于它是从某一行动者的外在社会连带产生的，它的功能是为了帮助行动者获得外部资源；而将宏观及部分中观层次（群体内部的结构形态）的社会资本称为内部社会资本，这是由于它是由行动者内部的连带形成的，它的功能是为了提升群体的集体行动水平。Leana 和 Van Buren[46] 也提出过类似的观点，他们将社会资本分为私人物品和公共物品，对应外部社会资本和内部社会资本。

社会资本作为新经济社会学的核心概念之一，当它扩展到企业层次之后，企业管理研究领域的学者对其产生了浓厚的兴趣，不管是战略管理、人力资源管理，还是营销管理等专业的学者们分别基于各自的领域，以不同的视角对企业社会资本展开了研究[47]。

企业的社会资本可以分为不同的层次。很多学者从企业内部社会资本和企业外部社会资本这两方面对企业社会资本进行了研究。例如，张方华[48] 根据我国的实际情况，将企业的社会资本分为内部的社会资本和外部的社会资本。Pennings 等[49] 又把企业的外部社会资本分为个人和企业两个层次。Leenders 和 Gabby[47] 将与企业有关的社会资本分为了五个层次：个人、团队、部门、企业、联合集团，他们认为每个层次的社会资本同时受到本层次的社会关系网络和其他四个层次的社会关系网络的影响。

对于社会资本的研究层次，学者们已经从个人、群体（团队）、组织、组织间这几个层次入手，并产生了一定数量的研究成果。

个人层面上，个人的工具性行动可以通过社会网络交换、借用或者摄取他人占有的资源（Lin Nan，1982），个人的社会资本，如企业经理或者企业的 CEO 的人际关系网络和社会地位等对其事业的成功、管理绩效以及报酬方面具有显著的影响作用（Podolny 和 Baron，1997；Belliveau，O'Reilly 和 Wade，1996；Moran，2005）。Batjargal（2003）研究了企业家社会资本，认为企业家社会资本的关系性嵌入与资源性嵌入维度对公司绩效没有直接的影响。

群体层面上，团队社会资本能够促进知识交换意愿，进而促进知识分享的行为以及提高创新绩效[50]，并且通过知识分享与整合的中介作用，显著影响团队效能（柯江林，2006），Collins和Kevin（2003）的研究表明高管团队外部网络规模与强度对一年期的销售额增长与股票回报有显著正向影响，内部网络规模与范围分别对一年期的销售额增长与股票回报有积极作用。

组织层面上，社会资本能够促进组织内部资源与信息的交换，并且促进创新（Gabbay和Zukerman，1998）。组织内部门之间的弱联系有助于发现并传递有用且不复杂的信息，但是阻碍了复杂信息的传递，复杂信息的传递要求部门间具有强联系（Hansen，1999）。组织社会资本能够强化共同目标，促进信任产生，从而通过更成功的集体行动来创造价值，组织社会资本可以通过雇佣实践加以培育（Leana和Van Buren，1999）。组织作为一种制度环境有利于社会资本的产生，组织在创造和分享智力资本方面更具有竞争优势，因为组织相对于市场具有更为密集的社会资本（Nahapiet和Ghoshal，1998）。社会互动和信任（结构和关系维度是社会资本的一部分）明显影响组织内部之间资源交换的范围，而后者则明显影响产品创新（Tsai和Ghoshal，1998）。

组织间层次上，社会资本能够强化组织间的关系，维系组织间网络，促进组织间信任的产生（Ring和Van de Ven，1994）。组织间的信任减少了冲突，降低了交易的谈判成本，因而提高了组织绩效（Zaheer，1998）。企业纵向关系资本对信息获取影响程度最大，社会关系资本对资金获取影响程度最大，企业的信息与知识获取能极大地提高企业技术创新的绩效（张方华，2004）。

综合以上内容，可以看出社会资本的解释力非常强大，从个人层面、团体层面、组织层面和组织间层面等几个层面，都已经有了丰富的研究成果，这为以后的研究奠定了丰厚的研究基础。但是，尽管对社会资本从不同的层次进行了研究，学者们的研究还是局限于单一层次，没有充分意识到社会资本在不同的层次上应该有不同的含义、前因和结果[7]，尚未从多层次的角度完全开发社会资本的潜能，而通过多层次的研究我们才能更好地理解管理和组织现象[51]。

2.1.4 社会资本的衡量维度

Putnam[33]认为，为了对社会资本进行进一步的研究，应该优先研究社会资本的维度。许多学者在对社会资本的研究中，都基于不同的角度，提出了不同的划分社会资本维度的观点。Gabby[52]将社会资本划分为结构维（Structural Form Approach）和关系维（Tie Approach）两种维度。而最著名的是 Nahapiet 和 Ghoshal[1]所提出的概念，他们认为社会资本主要是群体中的人际连带网络发展出的信任、合作进而为行动者带来资源，因此，他们将社会资本分为结构维度（Structural Dimension）、认知维度（Cognitive Dimension）和关系维度（Relational Dimension）三个测量维度。结构维度包含网络连带（Network Ties）、网络构型（Network Configuration）、可使用的组织（Appropriable Organization）。认知维度包含共有代码和语言（Shared Codes and Language）和共有叙述（Shared Narratives）。关系维度包含信任（Trust）、规范（Norms）、认同（Identification）和义务（Obligations）。此后不同学者在研究社会资本时，大都以这三个维度为基础。

Tsai 和 Ghoshal[19]以一家大型跨国电子公司为调查对象，对事业部间社会资本与价值创造的关系进行了实证研究，他们分别用社会互动联系、信任与可靠以及共同愿景来刻画社会资本的三个维度。Bolino、Tumley 和 Bloodgood[53]在研究组织公民行为与组织社会资本关系时将关系性社会资本简化为联系、信任和认同。Aqulno 和 Serva[54]在一项模拟社会资本产生的试验中，用信任和义务代表关系性社会资本，用共同知识代表认知性社会资本。Kang、Morris 和 Snell[55]在以社会资本框架分析核心员工与其他类型员工的学习关系时，将结构维度分为强联系与弱联系、松散型与紧密型网络，将关系维度分为一般信任与二元信任，将认知维度分为共同的组件性知识与共同的结构性知识。Inkpen 和 Tsang[56]在研究公司间网络、战略联盟、工业区内成员间的知识转移时，用网络的联结、形态与稳定性衡量社会资本的结构维度，用信任衡量关系维度，用共同目标、共同文化衡量认知维度。Lee、Wong和Chong[57]在分析个人社会资本对其研发绩效的影响时，在社会资本结构维度中包含了高层支持、与外部群体的协调活动、劝说他人来支持决策、让他人知晓活动等方面，而在关系维度与认知维度中分别使用了非正式性与共同期望两个衡量要素。Jiang[58]用社会互动关系、可靠性、共同愿景分别指代社会资本的结构、关系与认知维度，并探讨了其对中国高新技术企业知识转移成功性的影响。

国内学者中，林亿明[50]在研究团队社会资本时，用沟通频率、非正式互动程度、书面沟通频率三个要素来测量结构维度，用整体信任感来测量关系维度，认知维度则用共享价值观来测量。何芳蓉[59]在测量团队社会资本三个维度时则相应使用了社会性互动、网络位置、关系品质以及认知网络。韦影[60]在研究我国企业社会资本影响技术创新的机制问题时，提出认知维度由共同语言、相似的价值取向（外部）/一致的集体目标（内部），结构维度由联系的频繁程度、联系的密切程度、联系对象的数量（外部）/联系所花费的时间（内部），关系维度由损人利己的趋向、双方真诚合作以及双方信守诺言组成。柯江林等[61]基于Nahapiet和Ghoshal提出的组织社会资本三维结构模型以及Adler和Kwon提出的机会、意愿、能力观点，用六个指标对团队内部社会资本进行了衡量，分别用网络密度、互动强度衡量结构维度，共同愿景、共同语言衡量认知维度，同事信任、主管信任衡量关系维度。郭贵林[62]在研究R&D部门效能时，采用了网络规模、网络强度、网络密度衡量结构维度，共同语言、共同价值观衡量认知维度，信任、义务和期望衡量关系维度。

对社会资本衡量维度的研究，不同的学者采用了不同的指标来衡量，具体见表2-1。

由上述文献可知，即便在共同框架之下，社会资本的各研究要素也有较大差别。虽然Nahapiet和Ghoshal在整体层面上将社会资本划分为结构维度、关系维度与认知维度等三个维度，为研究者理清了思路，但他们所列的测量维度难以在具体问题中充分使用，因此，以后的学者在借鉴三维划分框架时都大大简化和修正了具体的要素。

表 2-1 社会资本的衡量维度

学者 ＼ 维度	认知维度	结构维度	关系维度
Nahapiet 和 Ghoshal（1998）	共有代码和语言、共有叙述	网络连带、网络构型、可使用的组织	信任、规范、认同和义务
Tsai 和 Ghoshal（1998）	共同愿景	社会互动联系	信任与可靠
Bolino,et al.（2002）	认同	联系	信任
Aquino 和 Serva（2005）	共同知识		信任和义务
Kang, et al.（2003）	共同的组件性知识与共同的结构性知识	强联系与弱联系、松散型与紧密型网络	一般信任与二元信任
Inkpen 和 Tsang（2005）	共同目标、共同文化	网络的联结、形态与稳定性	信任
Lee, et al.（2005）	共同期望	高层支持、与外部群体的协调活动、劝说他人来支持决策、让他人知晓活动	非正式性
Jiang（2005）	共同愿景	社会互动关系	可靠性
林亿明（2001）	共享价值观	沟通频率、非正式互动程度、书面沟通频率	整体信任感
何芳蓉（2003）	认知网络	社会性互动、网络位置	关系品质
韦影（2007）	共同语言、相似的价值取向（外部）/一致的集体目标（内部）	联系的频繁程度、联系的密切程度、联系对象的数量（外部）/联系所花费的时间（内部）	合作中损人利己的趋向、双方能真诚合作、双方能相互信守诺言

续表

维度 学者	认知维度	结构维度	关系维度
吕淑丽（2008）	共享的语言和符号、共享的愿景、默会知识	单个联系的强弱、整体网络的密度、网络的连接性、网络位置的中心地位	人际信任、义务和期望、共同遵循的规范、身份标识
柯江林等（2007）	共同愿景、共同语言	网络密度、互动强度	同事信任、主管信任
张鹏（2009）	一致性、共同愿景	权力、联系的稳定性、产业内管理者纽带、产业间管理者纽带	信任、义务和期望
王立生（2007）	组织距离、共享愿景、冲突程度	互动强度、互动质量	信任、满意、承诺
汪轶（2008）	共同价值观、共同语言	接近中心性	情感信任、认知信任
付菁华（2009）	跨文化差异	产权结构、网络强度	责任与认同感、共同解决问题
王莹（2010）	知识差异	网络规模、联结强度、网络密度、网络稳定性	信任程度
王三义等（2007）			真诚合作、诚实守信、互惠互利、善意性信任、能力信任
李志宏等（2009）	知识距离	联系强度、网络密度、网络中心性	信任
郭贵林（2008）	共同语言、共同价值观	网络规模、网络强度、网络密度	信任、义务和期望
Fausto和Daniele（2011）		网络联结、网络范围	

资料来源：根据相关资料整理。

2.2 知识转移理论

目前，对知识转移的研究，学者们主要从信息技术学、行为学、传播学和综合几种视角来分析。信息技术学视角研究的重点集中于技术的层面，如计算机信息管理系统、人工智能、群件、知识库等软件的设计开发如何从技术上促进知识的有效转移；行为学视角主要基于个体行为与组织行为的角度来研究人们参与知识转移的行为动机、影响因素、激励等；传播学视角主要从知识的编码、发送、传播、接收、解码的过程对知识传播的机理进行研究；综合学派则呈现大一统的趋势，他们试图将各种学派兼收并蓄、融会贯通，用系统的观点、全面的观点研究知识转移。从知识转移的研究层面上来看，无论是在个体、团队（或组织内部单元）层面，还是在组织、组织之间的层面，学者们均有涉猎。在对知识转移的研究方法上，既有理论研究，也有实证研究。从研究内容方面看，则主要集中在知识转移的影响因素、知识转移的层次和知识转移的过程等方面。本部分内容将对知识的定义及分类、知识转移的定义、知识转移的过程及模型以及知识转移的影响因素等一一进行梳理。

2.2.1 知识的定义及分类

（1）知识的定义与内涵

对知识的研究自古有之，在我国 2 000 多年前的著作《论语》中，涉及的"知"字达 116 处，其中大致可以分为三层含义：第一，作为名词，是"知识"的意思；第二，作为动词，是"知道""了解"的意思；第三，作为借代词，即"智"，是聪明、智慧的意思[63]。西方对于知识的研究则可以追溯到古希腊时代，哲学家柏拉图把知识定义为合理的、可以确证的、真实的信念，他认为，知识既是人类与生俱来的潜在的观念，也是人类透过心灵理性思维所产生的结果[64]。

20 世纪 80 年代以来，随着知识经济的到来，经济学和管理学的众多学者开始研究知识的问题，因此从经济管理的不同角度提出了知识的定义。

Wiig[65]认为知识包括一些事实（Truth）、信念（Faith）、观点（Perspective）、观念（Concept）、判断（Judgment）、期望（Expectation）、方法论（Methodology）与实用知识（Know-how）等，该定义强调了知识在心智模式内的组成元素。

德鲁克[66]认为知识是一种能够改变某些人或事物的信息，这既包括了使信息成为行动的基础方式，又包括了通过对信息的运用使某个个体（或机构）有能力进行改变或进行更为有效的行为方式。

Davenport和Prusak[67]将知识定义为一种动态组合，其中包含了结构化的经验、价值观、关联信息以及专家的见解等要素。知识起源于认知者的思想，又反过来影响认知者的思想。体现在组织内，知识不仅存在于文档和数据库中，而且嵌入在组织的日常工作、过程、实践和规范中。

日本学者Nonaka和Takeuchi[64]提出知识是一种智慧结晶，并且这种智慧结晶是有价值的，它的呈现方式有信息、经验心得、抽象的概念、标准作业程序、系统化的文件、具体的技术等。尽管有很多种知识呈现的形式，但是对知识的本质要求都是必须能够创造附加价值，否则就不能被称为知识。

1998年3月，国家科技领导小组办公室在《关于知识经济与国家知识基础设施的研究报告》中，对知识做出以下定义：经过人的思维整理过的信息、数据、形象、意向、价值标准以及社会的其他符号化产物，不仅包括科学技术知识——知识中最重要的部分，还包括人文社会科学的知识，商业活动、日常生活和工作中的经验和知识，人们获取、运用和创造知识的知识，以及面临问题做出判断和提出解决方法的知识。

（2）知识的分类

由于知识是个模糊的概念，因此，学者们通过分类来认识和理解知识，关于知识的分类主要有以下几种：

①显性知识和隐性知识

Polanyi[68]首先提出了知识的内隐性，他指出"我们知道的远比我们能说出来的多"，并根据知识的可表达程度区分为隐性知识和显性知识，奠定了知识隐性和显性的分类基础。

Nonaka[69]扩展了这一概念，他认为知识包括可以用数据、规则、手册等形式来表达和共享的显性知识，以及难以表述的，包括洞察力、直觉和预感的隐性知识。

Hedlund[70]认为隐性知识是一种属于直觉或无法清晰表达的知识，不容易甚至不能用语言具体表达的知识。

Zack[71]对显性与隐性知识提出更为详尽的解释，他认为在我们潜意识中了解和运用的隐性知识很难通过语言传播，而必须经过直接的体验和行动才能获得，互动的对话、讲故事和经验分享往往是这类知识的传达方式。显性知识则可以脱离被创造和被利用的情境，是可以用更精确、更正式的方式描述出来的知识。

②四类知识

1996年3月，经济合作与发展组织（OECD）在题为《以知识为基础的经济》的报告中，把对经济有着重要作用的知识分为四类，并分别做了说明：

第一，知道是什么的知识（Know-what）。这类知识是指有关事实方面的知识，在很多复杂领域，专家们为了完成任务必须掌握许多类似的知识。

第二，知道为什么的知识（Know-why）。这类知识是指诸如牛顿定律、供求规律等自然原理和科学规律方面的理论知识，在多数产业中此类知识是技术发展及产品和工艺进步的支撑，一般由实验室和大学等专门机构来完成它的生产和再生产。

第三，知道怎么做的知识（Know-how）。这类知识是指诸如技术、技巧和诀窍等做某些事情的技艺和能力，此类知识的分享和组合是产业网络形成的最重要的原因之一。

第四，知道是谁的知识（Know-who）。这类知识包括了特定关系的形成，涉及谁知道和谁知道如何做的信息，对现代管理者和企业而言，利用此类知识对快速变化的环境做出反应是非常重要的。

③个人知识和组织知识

知识可以存在于个体或者集体中[72]。个体知识由个人创造并存在于个体中，而社会知识由一个团队的集体行动所创造，并在集体的行动中内在化。由于知识的产生来自人的实践与认识，知识产生于个人，组织是无法产生出知识的。组织知识是将个人产生的知识，在与其他人交流中形成并结晶于组织网络中的知识。但是，个人知识只是专门领域的知识，而在创新活动中，需要将各种知识综合转化为生产力，这就需要组织知识。组织技艺包括文件、图纸、规程等，可以认为是组织的线性知识，此外还有组织的隐性知识，存在于个人记忆和已形成的人与人之间的默契中[73]。

2.2.2　知识转移的定义

最早提出知识转移思想的是美国技术和创新管理学家 Teece[74]，他认为企业能通过国家间的技术转移，积累起大量跨国界应用的知识。Singley 和 Anderson[75] 认为知识转移既可以发生在企业内部，也可以发生在企业之间，都是指将一种情境下获取的知识应用于另一情境之中。Szulanski[2] 则认为知识转移是知识在组织内或组织间跨越边界的共享，也就是说，知识可以在不同的组织或个体之间以不同的方式转移或传播。Szulanski 用"转移"而不是"扩散"这个词，是为了强调知识转移不仅仅是知识的扩散，而是有目的、有计划、跨组织或个体边界的共享，他认为有效的知识转移只有当转移的知识被保留下来才算，并且他通过实证研究显示如果知识接受者缺乏吸收能力，或知识拥有者与知识接受者间存在不和谐的关系，都会导致知识转移不成功。知识转移的难度会在接受者准备好接受知识时大大降低，这一结论与 Cohen 和 Levinthal[76] 的"吸收能力"概念相吻合，否则，知识的接受者可能很难认识到新知识的价值，也很难将新知识融入自己的知识库或者加以使用。Davenport 和 Prusak[67] 将知识转移的公式表达为：知识转移=知识传达+知识接受。从公式可以看出，知识转移的完成首先需要知识的拥有者传递给潜在的知识接受者，然后由接受者加以吸收，一个完整的知识转移过程需要同时实现知识的传达与吸收两个步骤。Hendriks[77] 对知识转移的研究基于沟通的观点，他认为，一方面，知识传递者应当有意愿与他人进行沟通，可以以演讲、教授、著作等方式，将自身知识外部化；

另一方面，知识接受者也能通过倾听、模仿、阅读等方式与知识传递者进行沟通，并将接受的知识内部化。可见，知识转移是一个知识传递者与知识接受者之间的沟通过程。Dixon[78]对组织内的知识转移进行了研究，他认为，组织内的知识转移是指将组织内某一部分的知识，应用到组织内的另一部分，而组织成员需要通过诸如知识资料库、研讨会、电子邮件、跨功能团队等工具和程序来完成知识分享。

由以上定义可以看出，尽管对知识转移的定义学者们说法不一，但是基本含义相同，本书基于以上定义，认为转移是由知识传达和知识接受两个部分组成的，是将一种情境下的知识应用于另一情景中的过程。

2.2.3　知识转移的过程及模型

知识转移的发生，可以通过一系列机制来完成，例如，人员的流动、培训、交流、观察、技术转移、反向工程产品、复制惯例、专利、科学出版物和说明、与供应商及客户的交互作用、联盟或其他跨组织之间的关系等[79]。

根据知识创新活动的特点，Nonaka[69, 72]提出了著名的SECI模型，该模型将知识创新活动分成社会化、外化、整合、内化四种模式。一个企业内部知识转移的动态循环过程就是将四种知识转移方式结合起来。知识转移的起点是企业内部的某个个体的隐性知识，通过"社会化"阶段被共享，形成了集体隐性知识；然后在"外化"阶段集体隐性知识被外化为集体的显性知识；接下来，通过"整合"阶段，这些集体显性知识整合成为组织的显性知识；最后，在"内化"阶段，组织的显性知识内化为每一名员工的隐性知识。此时，起初存在于某个个体的隐性知识，已经扩展到整个组织内部的更多个体中，而这些个体的隐性知识又会投入到新一轮的循环之中，一种螺旋上升的过程呈现于整个企业内部的知识流动中。

基于知识分类与知识载体这两个维度，Hedlund[70]提出了知识转移过程的一个综合模型，其中，知识分类维度将知识分为默会知识和明晰知识；知识载体维度就是将知识的载体分为个人、团体、组织、组织之间。Hedlund依据这两个维度将知识转移的过程分为三个阶段，分别是明文化与内化、扩展与灌输、吸收与传播。

Szulanski[2]研究组织内的知识转移时采用了交流模型，他认为知识转移发生于一定的情境中，是从知识源单元向接受单元传播信息的过程。并且，他将知识转移分为初始阶段、实施阶段、调整阶段和整合阶段四个阶段。

卢兵等[80]通过微分动力学方法，建立了分析模型来研究组织通过外部学习进行隐性知识转移的过程。他们将这个过程分成两个阶段：第一个阶段是接受外部知识的过程，即与外部组织间相互交流、学习并接受知识的过程；第二个阶段是知识的内部化过程，即将组织从外部组织中获取的知识在本组织内传播的过程。王越与和金生[81]在对知识转移的研究中，提出了用来分析知识价值链中的知识转移、知识增长和知识转化过程的知识发酵模型。

2.2.4 知识转移的影响因素

学者们对影响知识转移的因素进行了大量的研究，基于不同的研究视角，对影响因素的划分也不同。目前的研究主要从四个方面展开：知识的属性、知识转移主体的特性、知识转移媒介以及知识转移情境。

（1）知识的属性

知识的属性主要从可表达性、嵌入性和黏性三个方面进行分析。

知识的可表达性：Polanyi[68]的研究将知识分为显性知识和隐性知识，他认为隐性知识是非口语化的，它扎根于特定情境之下的行动、参与和使命，是依靠直觉并且难以表达的知识。知识转移过程会受到知识内隐、外显特质的影响，尤其是隐性知识，由于其具有"可意会，不可言传"的特质，成为阻碍知识转移的重要原因，在技术交流与转移的过程中难度增加[72, 82-84]。

知识的嵌入性：即知识的认知特征，Arogte和Ingram[85]的研究认为知识经常嵌入到个体、工具（产品）和管理中，Cummings和Teng[83]则认为被转移知识的这种嵌入性会增加组织转移的难度，一般而言，知识转移的难度随着知识嵌入程度的提高而加大。

知识的黏性：黏滞信息和信息黏度的概念在 Von Hippel[86] 对技术问题的解决过程进行研究时首先被提出，他认为需要成本来获得、转移和使用信息时，该信息就是黏的。Von Hippel 将转移一个特定单元信息所需要的成本定义为信息黏度，成本与黏度呈正向相关关系。

（2）知识转移主体的特性

知识转移主体的特性是指知识转移双方的动机、吸收能力、知识源的可信度和沟通能力。Kelley（1973）在对归因理论的研究中认为，知识接受方会努力判断知识表达方式的准确性和知识源的可信任度。知识接受方会在知识源的可信度高时，认为该知识的说服力比较强，且知识源的知识是有用的。

Aladwani[87] 的研究指出，在信息系统项目产出中，知识接受方的吸收能力是重要决定因素，与知识转移显著正相关。Szulanski[2] 也持同样的观点，他认为只有保留下来转移的知识才算是有效的知识转移，并通过实证研究，证实了缺乏吸收能力的知识接受者、关系不和谐的知识拥有者与知识接受者之间，以及不规范的转移过程都会成为影响知识转移的障碍。王毅、吴贵生[88] 认为，影响知识转移过程的因素，从知识转移过程涉及的要素出发，应该包括知识源的转移意向、保护意识、对受体的信任程度以及知识受体的意识与能力。

（3）知识转移媒介

对知识转移媒介的研究主要集中在转移手段上。Albino 等[89] 认为转移媒介从结构的观点看，有编码和通道两个特征因素，而编码和通道的结合决定了媒介的特征。可以从广度和深度两方面来衡量媒介的效度，知识转移的数量和质量与媒介效度的好坏呈正向关系。汪应洛、李勖[90] 在对知识转移的研究中则提出了知识转移的语言调制方式和联结学习方式两种知识转移途径。Kim[91] 认为，知识转移的媒介可以分成市场媒介与非市场媒介两种，他同时考察了知识供应者的态度，并在知识转移媒介与知识供应者的态度两个维度的基础上提出了知识转移机制。

（4）知识转移情境

知识转移的影响因素中，情境占有重要的地位，其中学者们又对文化这一因素倍加关注。这是因为，知识转移双方都有各自既有的文化背景，而不同的文化背景会使双方在认知结构、知识存量以及技术领域等方面呈现出不同的相容或匹配程度，这会直接影响知识转移的效率。一般而言，知识转移双方的文化背景越接近，知识转移的顺利程度就会越大[92]。同样道理，企业内部高层的态度和已有经验对知识转移的影响也非常显著。Ei-Sayed[93] 在对文化因素进行了深入的讨论后，提出了组织间文化差异如何对知识转移产生影响的分析框架。Choi 与 Lee[94] 认为企业之间因为能够方便地提供默会知识转移，因此会出现大量的企业之间的合作，而联盟合作各方在企业文化、国家文化和商业文化上的差异成为影响知识转移的关键因素。因此，要实现在联盟中知识转移的高效率，合作协议中有关管理争议、文化冲突以及协议履行等的冲突解决机制就必须被重新考虑。而 Lei 等[95] 的研究也同样认为具有相似背景的企业间知识转移会相对比较容易成功，这是因为隐性知识通常会与某些特定的制度和组织情境相关。

2.3 绩效理论

2.3.1 绩效的含义

"绩效"一词，从不同的角度有不同的解释。从语言学的角度来看，绩效具有成绩和效益的含义；在经济管理活动中，绩效描述的是社会经济管理活动的结果或者成效；在人力资源管理中，绩效则是指主体行为或者结果中的投入产出比。正如 Bates 和 Holton[96] 提出绩效是个多维度的概念，因其测量因素和观察角度的不同，结果也随之不同。

在管理学领域，"绩效"这一概念被广泛应用，如企业管理中的部门管理绩效和人力资源管理中的绩效考评、绩效工资等。但由于各个研究学科所关注的重点不同，对于绩效的评价以及定义差别很大。比较有代表性的定义有：Bernarding 和 Russel[97] 认为绩效是在特定的时间内，由特定的工作职能或活动而产生的产出记录，工作绩效的总和则相当于关键和必要工作职能中绩效的总和（或平均值）；Campbell 等[98] 则认为绩效是人们所做的与组织目标相关的、可以观测的行为过程或结果。

2.3.2　绩效的分类

与绩效相关的研究一直是近些年来学术界的研究热点，组织工作和结构，随着企业经营环境的不断变化而不断演变。与此同时，任务的边界随着团队工作、技术进步、组织学习等变化也变得更加模糊，影响工作成果的因素变得更为复杂，这些因素使得人们对于绩效的界定更加困难。但是，人们对绩效本质的理解还是随着管理实践工作的不断深入开展而不断深化。

从管理对象的角度来看，绩效一般包括组织绩效、团体绩效和员工绩效三个方面，对象的层面不同，绩效所包含的内容、影响因素及其测量方法也随之不同。

就个体层面来讲，人们给绩效所下的定义尚未达成共识。目前主要有两种观点：一种观点认为绩效是结果；另一种观点认为绩效是行为。Borman 和 Motowildo[99] 提出的绩效二维模型中将绩效分为任务绩效（Task Performance）和周边绩效（Contexual Performance）两方面。其中，任务绩效是指任务的完成情况，也就是任务说明书中所规定的绩效，任务绩效是组织规定或与特定工作有关的活动。如自发的行为、组织的公民性、亲社会行为、献身组织精神或与特定工作无关的绩效行为则属于周边绩效，这是一种心理和社会关系的人际和意志行为。Van Scotter 和 Motowidlo[100] 在 Borman 和 Motowildo 的研究基础上，又进一步将周边绩效分为人际促进和工作奉献两个维度。Conway（1999）认为管理绩效可以分为五个维度，分别是工作奉献、人际促进、技术-行政性的任务绩效、领导任务绩效和总体绩效，并通过研究证实了工作奉献、人际促进和技术-行政性的任务绩效在不含领导任务绩效时，都只对总体绩效有显著影响。同时，他认为评估来源也非常重要，因为同事的评估更多地注重人际促进，而上司的评估则更多地注重任务绩效。

早期人们的关注对象主要是员工的个体绩效，但是，伴随着组织规模的扩张和生产力的发展，学术界对于绩效的关注渐渐由员工个体层面上升到组织层面。

通常认为，组织绩效即组织的产出或结果。效益原理指出作为一个组织，管理工作在追求效率的同时，更要从综合的角度对组织对社会的贡献以及整体效果加以考虑。因此，为了实现管理的绩效，即体现效率与效果相结合的管理的目的，必须将个体效率和组织整体效果进行有机的结合。在生产率的概念被绩效取代之后，组织层级的绩效概念产生了。

对于团队绩效概念的界定，由于研究者的研究目的不同，有着不同的研究观点。Hackman[101]和Sundstrom等[102]认为团队绩效是指团队实现预定目标的实际结果，它是一个具有广义含义的概念，主要包括以下三个方面：一是团队的数量、速度、质量、顾客满意度等方面；二是团队对其成员的最终影响；三是为了将来更有效地工作而提高团队的工作能力。一般而言，团队绩效应主要包括以下三个方面：一是完成组织既定目标的情况；二是团队成员对团队的满意感；三是团队成员是否具有继续协作的能力。Guzzo和Shea[103]在对团队绩效的研究中提出了著名的"输入—过程—输出"模型，并将团队成员的知识、技能和能力，团队的构成，组织情景、报酬系统、信息系统、目标方面的因素定义为输入变量；将团队成员之间的相互作用、信息的交换、参与决策的模式和获得的社会支持等定义为过程变量；将团队的成果、团队的发展能力、团队成员对团队的满意感等定义为输出变量。

2.3.3　项目绩效的定义

项目绩效从层次上来讲，属于团队绩效的范畴。有的研究认为项目绩效是多维度概念，应该包含产品绩效、过程绩效、任务绩效、背景绩效等多个方面的绩效；但也有的研究认为其应该为单维度概念，并将从团队达成它们的目标的各个方面进行的评价定义为绩效[104]。而对于建筑施工项目，Nepal等则将项目活动组合与工程要求标准之间的相符程度定义为项目绩效[105]。

对于工程咨询项目而言，除了从一般项目管理绩效角度去衡量，还应该考虑到其知识密集型的特性，将创新绩效纳入绩效范畴。创新绩效对于增强组织的竞争力，为以后的项目服务具有非常重要的意义，因此本书对项目绩效用任务绩效和创新绩效双维度来衡量。

2.4 社会资本、知识转移与绩效三者之间的研究

2.4.1 社会资本对知识转移的影响研究

对知识转移的研究中，社会资本提供了一种新的分析视角，近年来国内外学者从不同的角度和层次对社会资本对知识转移的影响进行了研究。

（1）国外学者的研究

早在 1973 年，Granovetter[106] 就强调了弱联结在信息和知识传递过程中具有重要作用，并提出了弱联结优势理论。后来的相关文献不断地证实了 Granovetter 的观点，并且在组织层次的知识转移研究中也得到了印证。但是也有许多研究者认为影响知识分享的重要原因是因为个体间缺乏直接关系和大量的交流，并证实了相关研究，因此，强联结在信息传递和知识转移中的优势被提出[107]。

Marsden 等[108] 学者分析了强弱联结对知识转移效果分歧的原因，他们认为是由于学者们研究的侧重点不同造成的。信息和其他资源的发现是弱联结理论关注的重点，而强联结则聚焦于知识是否流动。因此，Marsden 将知识转移划分为两个阶段，即知识搜寻和知识转移，将知识特性划分为两个维度，即独立性与可编码性，在此基础上探讨了组织中不同业务部门之间存在的强联结或弱联结对不同性质知识的搜寻和转移效果是怎样的。研究结果显示，知识特性不同，两种理论作用不同：主要由弱联结构成的网络，对于明晰性知识占绝对多数的项目具有更为明显的优势，但是，强联结对于复杂知识占绝对多数的项目的完成更加有利。

Uzzi 等[109-112] 则主要关注联结强度对不同知识转移效果的影响，他们把公司之间的基于不同联结强度的网络联结确定为市场性关系与嵌入性关系，将知识分为公开性知识和私密性知识，为与不同性质的知识实现匹配，而尝试建立不同的联结类型。Uzzi 等认为关系性质不同不影响

其成为信息转移的渠道，但是对不同类型的知识的转移效果有不同的影响。对于全部由强关系或全部由弱关系组成的网络，其价值并不大，而应该将强关系与弱关系混合起来，即企业为了有利于性质不同的知识的转移，应该同时保持与不同企业之间的强联结或弱联结。

Hansen 等[9]综合了 Granovetter[106]和 Marsden[108]等学者的理论观点，认为联结强度不仅对知识接受方搜寻知识产生影响，而且一部分联结强度对知识源意愿以及能力会产生影响，进而影响接受方获取知识。在随后的研究中，Hansen[113]对多业务部门的公司中知识分享的效率问题进行了研究，他指出，在进行知识转移的研究时，不仅要考虑网络特性，同时也要考虑知识特性对知识转移效果的影响。他将知识网络的概念引入到相关研究中，分析网络内一个业务部门与其他部门联结路径的长短对知识转移的影响，其中，路径的长短与建立的直接联结数量多少成反比，即建立的直接联结数量越多，联结路径越短。

Coleman[23]从功能主义的视角出发对社会资本的概念进行了阐述，探讨社会资本的存在对社会资源获取和流动的作用，他提出了责任与期望、信息通道和社会规范这三种社会资本发生作用的形式。后来的研究中他[17]又将三种形式扩展到五种形式，即增加了"权威关系""多功能社会组织以及有意创建的社会组织"这两种社会资本的形式。后来的相关研究中，学者们广泛应用了 Coleman（1988，1990）的观点，一些用来解释网络中的第三方联系、网络密度等对知识转移的作用，也有一些学者利用他的研究结论探讨网络范围（或者网络种类）对获得和转移知识、信息的影响。

Burt[32]综合了社会资本的概念和 Granovetter 关于弱联结优势的重要假设，提出了著名的结构洞理论，并将其在个人或企业等不同的层次加以应用。他通过理论分析指出，要想在竞争中获得、保持和扩大优势，任何个人或组织都必须与相互无关联的个人或团体建立广泛的联系，这样做的目的是占据网络中的结构洞，以此获得信息优势和控制优势。此后，Burt[114]又对社会网络与社会资本之间的关系再次进行了分析，指出跨越结构洞能够提供给经理人更多的机会，即经理人跨越的结构洞越多，他就越有可能接触到更多新信息。

Reagans 和 McEvily[115] 的研究认为，以前的文献只关注了联结强度如何影响知识转移，但是联结强度并不能代替网络结构特性，且这些研究只探讨了联结强度对知识转移的直接影响，这并不能够说明联结强度影响知识转移的原因及过程。因此，他们提出测量网络特性的四个维度：网络内聚性、网络范围、联结强度与知识缄默性，以及这四个维度是如何影响知识源发送知识的。通过实证分析，他们发现联结强度、网络内聚性和网络范围三个维度都会使知识源更加容易地发送知识，而联结强度与知识缄默性的交互作用则使得知识源发送知识变得更加容易，网络内聚性、网络范围与知识缄默性之间的交互作用对知识源发送知识是否变得容易没有显著影响。

Tsai[116] 认为社会资本是研究企业之间关系的一个合适概念，怎样接触和促进知识、信息和其他资源的流动是社会资本的核心内容。Tsai 和 Ghoshal[19] 借用了 Nahapiet 和 Ghoshal[1] 所倡导的社会资本的分析维度，研究了社会资本中的结构维度、认知维度、关系维度三者之间的关系，以及这三个维度是如何分别影响跨经营单位（部门）资源获取（主要是知识资源获取）以及产品创新能力的。通过实证研究，他们得出以下结论：社会资本中的结构维度、认知维度与关系维度之间存在显著的正相关关系，社会资本的结构维度和认知维度能够增强信任并提高信任被感知的程度，从而促进企业或部门之间进行更多的交换及整合更多的资源，如信息、产品或服务、人员以及其他方面的支持等。

除上述学者外，还有许多国外学者应用社会网络理论，对个人、团体以及企业间的知识转移问题进行了理论或实证上的研究[85, 117, 118]。

（2）国内学者的研究

邝宁华等[119] 从复杂知识的特点出发，将跨部门知识共享分解为知识寻找和知识转移两个过程，分析了复杂知识跨部门转移的困难之处。他们在对复杂知识跨部门转移的研究中，引入了社会网络分析中的强联系，指出具有强联系的部门，在进行知识转移时，拥有相对较强的知识表达、吸收理解能力，并能基于强联系实现更频繁、广泛、双向、及时、深入的知识交流与合作，从而有效克服复杂知识跨部门转移的困难。田慧敏等[120] 将知识分为隐性和显性、共享和隐藏两个维度、四个小类，并分析了隐藏和隐性知识转移的特点、过程和影响因素。他们运用社会网络分析中的强联结和弱联结概念，分析指出组织或局部网络内部成员间的知识交流与传递在进行知识转移时会形成强联结，而组织间的知识交流则会形成弱联结。这两种联结的作用不同，强联结可以通过知识的局部扩散使一小部分组织充分地挖掘综合知识，而弱联结则能够在更大范围的组织网络中促进知识的整体扩散。

柯林江等[21]通过一项实证研究，在探讨企业R&D团队的社会资本对团队效能的影响时，将知识分享与知识整合作为中介变量，证实了团队成员之间的社会互动强度和网络密度都会正向影响团队内部的知识分享。

吴绍波和顾新[121]的研究发现，知识链中组织间合作关系强度将显著影响其合作效率。

张志勇和刘益[122]的研究分析了网络强度、网络密度、网络稳定性和网络中心性是如何影响企业间知识转移的，研究结果显示网络强度、网络密度、网络稳定性与网络中心性均对知识转移效果有正向影响。

侯吉刚等[123]基于企业网络的结构属性，分析了企业网络对企业知识管理产生的影响，他们指出，为了有利于企业的知识管理，企业应该参与到较高密度的企业网络中，应与其他企业建立起强联系，还应努力寻求与其他网络主体的联系，以期获得知识更加多样化。

除上述学者对单一网络的研究外，也有学者指出，知识转移可能会通过不同的网络对企业间知识转移产生影响，既可能通过企业间员工与员工之间的非正式网络，也可能通过企业间业务互动所形成的正式网络，并对两个网络的作用进行了有益的尝试[124]。

上述研究均将网络特性对知识转移效果的影响视为一种直接作用，周密等[125]指出，这种直接作用是建立在网络特性与知识转移效果之间的，缺乏对知识转移双方内驱力的解释。许小虎和项保华[126]的研究认为，社会网络的结构要素、关系要素等将会影响企业搜寻、吸收和应用知识的能力。王三义等[127-129]通过实证分析，证实了企业间社会资本的三个维度正向影响企业间知识转移效果，并且社会资本的三个维度是通过影响知识转移机会、动机和能力的中介作用来实现对企业间知识转移的作用的。

2.4.2　社会资本对绩效的影响研究

关于社会资本对绩效的研究，以往学者进行了大量的研究，从研究内容上主要可以分为两个部分：一是对绩效的直接影响；二是通过一些中介因素对绩效的影响。本部分将从这两方面对已有研究进行分析。

（1）社会资本对绩效的直接影响研究

关于社会资本对绩效的影响，大部分学者从企业的角度出发进行了阐述[130]。

Zaheer 等[14]认为企业创造并利用强或弱联结的信息网络的能力会使企业在竞争中具有较高的机敏性，从而促进企业绩效的提升。

边燕杰和丘海雄[40]认为企业通过纵向联系、横向联系和社会联系获取稀缺资源的能力是一种社会资本，通过对广州市 188 家企业调查的数据进行分析，结果证明了经济结构和企业家能动性两大要素会影响一个企业的社会资本量的大小；社会资本能直接提升企业的经营能力和经济效益。

张其仔[131]通过对中国 6 个城市的 22 家国有企业中 2 678 名职工进行调查，用企业中个人之间合作程度的高低对企业的社会资本进行了测量，结果表明，不同形式的社会资本对企业效益的影响并不相同，例如，对国有企业来说，存在于工人与管理者之间的社会资本会显著地影响企业的盈亏。

Luo 等[132]对企业的三种社会资本（即客户关系、商业伙伴关系和政府部门关系）是如何直接、相关和协同影响企业绩效（战略和财务绩效）的进行了分析。通过对中国 262 个企业的调查分析表明，这三种社会资本对企业绩效具有明显的提高作用，其中战略和财务绩效的主要驱动力是客户关系，而商业伙伴和政府部门关系具有协同作用。此外，企业产权性质的调节将会影响这些社会资本对企业绩效的影响。

Park 和 Luo[133]将关系看作企业的社会资本，并通过实证研究发现，关系虽然对企业销售量的增长、企业绩效的提高、企业市场的扩张和竞争地位的巩固具有促进作用，但对利润和内部运营的促进作用并不显著。这主要是企业从市场扩张中获得的利益会因为培育和维持各种社会关系需要高额的费用而在一定程度上被抵销。他们指出，在中国，关系对个人和企业而言都是一种重要的资源，因此，它对合作和有效的治理能够产生促进作用。在信息和资源流动方面，关系也能架起缺乏联系的企业之间以及企业与重要的外部利益相关者之间的桥梁，因此，它是一种有价值的企业工具。

Gulati、Nohria 和 Zaheer[134] 基于战略网络的角度，深入阐释了企业社会性质问题及其与外部组织之间的社会关系，是如何对企业行为和经营绩效产生影响的。他们认为，不同的企业战略网络，对各个企业所处战略网络中的节点之间的关系密切程度和信任程度的影响各不相同，因此，各个企业的网络资源或关系资源也就不同。同时，不同的企业管理关系的网络能力，对网络资源或关系资源的利用效率和整合能力也有所不同，从而对企业生产管理行为和经营绩效的影响也不同。

Krause 等人[135] 对美国汽车行业和电子行业的采购厂商与供应商之间的社会资本累积对购买企业绩效的影响进行了分析。他们不仅分析了采购厂商如何承诺一项长期的关系，还分析了认知资本（即感知的共同价值观和目标）、结构资本（即信息共享、供应商评价、供应商发展）和关系资本（即与客户的关系时间长短、供应商对彼此关系的依赖性、客户对彼此关系的依赖性）是如何影响采购厂商的绩效增长的。研究结果表明，关键供应商的买方承诺和社会资本积累对采购厂商的绩效改进具有促进作用。

Yli-Renko 等人[136] 将企业社会资本分为内部社会资本和外部社会资本两个部分，通过实证分析，研究了企业内、外部社会资本与知识强度、国外市场知识、地理位置的多样性和国际化的进入模式的经验关系，并验证了企业社会资本与国际化销售额之间的关系。实证结果显示，企业拥有的内、外部社会资本对企业国际化销售额具有显著的正向影响。

Gilliland 和 Bello[137] 从批发商的视角出发，研究了批发商与其供应商（即生产制造商）和顾客的关系，研究认为供应商和顾客彼此忠诚是他们持续联合的原因和保证，并进而提高了批发商的绩效。

郑美群等[138]指出，研发部门、生产部门和销售部门的有效合作决定了高技术企业的技术开发能力，企业内部良好的社会资本对企业的知识转移和共享具有显著的促进作用。为了帮助企业获得创新所需要的知识、人才、信息、技术、资金、政策等资源和条件，并提高企业创新能力，需要提高企业技术积累和技术开发的能力，这就需要企业与外界建立良好的社会关系网络和相互信任关系。

Moran[139]将社会资本分为结构嵌入（整合）和关系嵌入（比如质量）两个维度，分析了管理人员的社会资本对管理绩效的影响。通过对120位生产和销售人员问卷调查的分析表明，社会资本的两个维度对管理绩效的影响方式不同，结构嵌入对管理人员的销售绩效的影响会更加明显，而关系嵌入对管理人员的产品和流程创新绩效的影响更加明显。

还有一些学者基于企业家的角度，对企业家社会资本与企业绩效的关系进行了研究。其中一个重要视角就是基于企业高管团队的社会资本特征来分析它是如何影响企业绩效的。贺远琼等[140, 141]采用问卷调查和深度访谈的方法，分析了企业高管社会资本对企业绩效的影响，研究结果表明，市场环境和非市场环境中的社会资本构成了企业高管的社会资本，高管社会资本通过提高企业对外部环境的适应能力进而明显地提升了企业经济绩效。

巫景飞等[142]基于高层管理者的政治网络与多元化发展战略的社会资本视角，通过对我国上市公司的面板数据进行实证分析，认为政治网络的社会资本结构显著影响企业的战略选择。

还有一些学者研究了社会资本与项目绩效的关系，如 Reagans 和 Zuckerman[143, 144]认为社会资本能够提高项目绩效。

（2）社会资本通过中介因素对绩效的影响研究

以上研究都证明了社会资本对绩效的正向影响，但是也有部分学者的研究发现社会资本对绩效产生了消极的影响[20, 30]。

卜长莉[145]指出，在当前的社会资本研究中，研究者关注的焦点大多集中在社会资本对个体行动或集体行动的正面影响，而忽视了社会资本的负面影响，这不利于真正地洞悉社会资本的作用机制。因此，必须正视社会资本可能出现的负面影响。为进一步了解会给组织带来正面作用和消极作用的社会资本观点，有学者认为是中介因素的原因，因此，他们从不同中介因素探讨了社会资本对绩效的影响。

Gabbay 和 Zuckerman[15] 认为，社会资本能够作用于企业研究与开发工作的开展，从而推动组织内部进行资源与信息的交换，进而提高创新绩效。

Tsai 和 Ghoshal[19] 分析了大型跨国企业业务部门中社会资本的结构维度、关系维度和认知维度三者之间的关系，以及这些维度如何影响资源的交换和产品创新，研究结果显示，社会交互作用（结构维）和信任（关系维）对部门间资源交换的程度具有显著影响，从而对产品创新产生影响。

Greve 和 Salaff[146] 认为企业社会资本是嵌入于社会结构中的各种联系网络，企业的社会资本对企业的吸收能力具有显著的提升作用，也显著地影响新思想的产生和现有知识的整合，尤其是对有效整合企业内、外部资源方面意义重大。韦影[60] 引入了吸收能力这一概念，提出基于吸收能力的企业社会资本与技术创新绩效的概念模型，研究结果显示，企业社会资本结构、关系和认知等三个维度都显著影响我国企业技术创新绩效的提升。

Hansen[113] 的研究结果显示，项目团队与拥有相关知识的部门相联系的网络路径与他们可从这些部门获得的知识成反向作用，路径越短，获得知识越多，并可以更快地完成项目。

Adler 和 Kwon[7] 指出网络中镶嵌的资源内容包括因行动者的社会网络所创造出的资本交易机会、施惠者协助受惠者的动机，与个体位于网络节点所拥有的能力等，形成社会资本的效益与风险，通过任务与符号的权变以及互补的潜力这两个中介变量，产生价值并回馈至正式结构之中。

蒋春燕、赵曙明[147] 以广东和江苏的新兴企业为研究对象，并进行了比较研究，认为组织学习在企业家精神、社会资本与企业绩效之间具有中介作用。

王霄和胡军[148] 研究了社会资本结构与中小企业技术创新的关系，并运用结构方程模型进行分析，认为中小企业的认知性社会资本间接地影响了企业的技术创新水平，这是因为结构化社会资本扮演了中介角色。

从上述文献中不难发现，社会资本是通过一定的中介因素进而对绩效产生影响的，并受其他一些变量制约，影响绩效的中介因素主要与知识、学习、协调及创新有关。

2.4.3 知识对绩效的影响研究

随着知识经济的发展，知识作为战略资源之一，对组织绩效无疑有着积极的影响作用，国内外许多学者在研究这一问题时都将知识与组织绩效之间的关系看成是强正向关系。

（1）国外学者的研究

根据组织行为学的观点，动机是行为的直接前因。随着对绩效研究的深入，Melvin 和 Charles [149] 认识到知识对绩效的影响作用，提出了 P =f（O，C，W）的绩效表达式，即绩效由机会（Opportunity）、能力（Capacity）和意愿（Willingness）三个变量共同确定，其中能力包含了技术、知识、智力等诸多因素，而能力的提高不能离开知识。

Wiig [150] 认为知识对于绩效的实现产生的是间接影响，必须通过中介变量的作用才能够体现。他指出中间效益是调节二者之间关系的中介变量，在他的模型中，将内部作业绩效、市场导向绩效、产品服务绩效三者的综合体作为中间效益。

Gold 等人 [151] 的研究结果表明，组织绩效与知识管理活动之间存在着明确的因果关系，组织绩效可以用知识管理活动的结果进行比较分析，同时可以发现知识管理各个活动要素对组织绩效影响的相对大小，可以此为基础找出知识管理改进组织绩效的关键问题。

Mohrman 等人 [152] 通过对 10 家企业的实地调研，论证了知识探索的程度同组织创造和组织绩效之间存在的弱正相关关系。

Nerkar 和 Paruchuri [153] 研究了创新个体在组织内的知识网络中的位置对企业 R&D 绩效影响的问题，实证研究结果表明它将导致组织内的知识重组，并提升 R&D 绩效的路径依赖能力，即企业内部的知识网络对 R&D 绩效的提高有促进作用，并以世界 500 强企业杜邦公司的案例进行了验证性分析。

Cassiman 和 Veugelers [154] 的研究结论则显示，与伙伴组织间频繁进行知识转移的团队具有更高的创新绩效，并且获得外部知识比获得内部知识更有利于创新绩效的提高。

（2）国内学者的研究

周密等[155] 在对个人关联绩效作用的研究中，实证检验了知识转移成效与团队绩效存在正相关的关系，个人关联绩效可以通过知识转移成效影响团队绩效。

张晓燕[156] 在对跨国公司子公司之间知识转移战略与绩效的研究中指出，子公司间的知识转移效果对子公司绩效水平有直接影响，子公司绩效提高又会促进子公司更加积极地进行知识转移，从而形成一个良性循环。

杨雪绒[157] 通过对中国 117 家企业的数据进行实证分析，检验了知识转移、知识满意度以及企业绩效间的关系，结果表明，知识转移对组织绩效的提升具有正向促进作用，知识满意度在知识转移对组织绩效的影响关系中具有重要的中介作用。

倪渊和林健[158] 对知识型团队内部的知识转移与团队绩效的关系进行了实证分析，结果表明，团队内部知识的有效转移，可以使团队更有效地运作和创新，提高团队绩效，赢得竞争优势。

李靖华和庞学卿[159] 通过比较案例研究，发现在城市商业银行新服务开发中，员工知识转移行为会影响新服务开发绩效。

2.5 对已有研究的评述

通过以上的文献综述，可以看出对社会资本、知识转移和绩效方面的研究已经取得了很大的进展，主要有：

（1）对社会资本的研究日益成熟，学者们从不同的角度对其概念、分析层次和衡量维度进行了分析。

（2）社会资本对知识转移的作用，不同学者从不同层次、不同的研究对象分别进行了定性和定量分析，其研究成果为本书提供了一定的理论基础。

（3）社会资本对绩效具有正向影响，学者们从直接影响和通过中介因素影响两个路径进行了研究。

尽管在管理领域，对社会资本、知识转移和绩效的研究取得了不少的进展，但是仍然有一些问题需要进一步研究，具体如下：

（1）对社会资本在个体层面和企业层面的研究较多，对群体层面的研究相对较少，而针对项目的研究寥寥无几。社会资本是一个广泛的概念，需要针对不同的层次和问题进一步细化。同时，从项目层面研究社会资本也是对社会资本理论体系的一个完善和补充。

（2）对社会资本的现有研究，分析层次都为单一层次，目前还没有从跨层次的角度出发来研究社会资本的作用，这给本书的研究留下了很大的空间。

（3）对于社会资本、知识转移和绩效三者的关系，学者们多是从两个因素的角度着手，而鲜有研究将三个因素作为一个整体进行探讨，本书力求对三个因素的逻辑关系进行研究。

综上所述，本书将在以往研究成果的基础上，从多层次角度入手，针对项目社会资本与知识转移及项目绩效的问题展开相关的研究。本书将提出项目社会资本与知识转移及项目绩效的逻辑关系及具体研究框架，并将通过实证研究来验证和完善理论设想，以期对社会资本、知识管理、项目管理等理论研究和项目管理实践做出一点绵薄的贡献。

3　概念模型与研究假设

3.1　项目社会资本衡量体系的构建

3.1.1　项目社会资本的定义

如前文所述，尽管学者们已经从个人、小组、组织等不同层面研究了社会资本，并下了定义[20, 23, 32, 49]，但是对于项目层面的社会资本鲜有研究。

项目社会资本从本质上讲属于团体社会资本的一种，但是又不同于组织社会资本和小组社会资本。组织层面的社会资本是反映公司内部社会关系特点的独特资源[49]，组织具有稳定、长期的特性。项目社会资本不同于组织社会资本是因为项目层面的社会资本强调某个特定项目内外的关系，并且直接给该项目带来利益。至于能否给组织带来利益取决于在项目之外进一步管理这些社会关系的能力，在此种情况下，项目社会资本可以转化为组织社会资本[160]。

项目社会资本也不同于小组社会资本，Oh 等[20]定义了小组层面的社会资本：通过小组成员的社会关系可以获得的一系列的资源，这些社会关系存在于小组自身的社会结构中，也存在于范围更广的正式或非正式的组织结构中。项目与小组类似，都是由经常与项目内外成员沟通的一部分人组成的，但不同的是，项目更加强调一个情景化的定义，项目是更加复杂和创新的、有时间限制的活动，其嵌入到特殊项目的情境中的程度更高[160]。

由以上分析综合，本书将项目社会资本定义为嵌入到某个单位项目中的所有社会关系的整体网络，通过该网络，项目可以获得重要的资源。

3.1.2 项目社会资本的层次

项目是介于个人与组织间的一个独立的行动团体，项目的相关人员是一个多维度的概念，同样，对于项目社会资本而言，也应该是一个多维度的概念，既应该包含组织层级的社会资本，也应该包含项目层级以及个人层级的社会资本。因此，本书将项目社会资本划分为组织层面、项目层面及个人层面三个层次（如图3-1所示）。

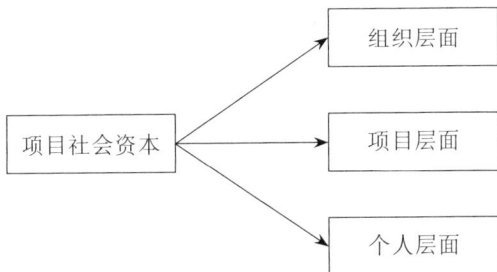

图3-1　项目社会资本的层次

组织层面项目社会资本是指用于某个项目的组织级别的社会资本，该类社会资本主要集中于组织层面，为了组织的发展和竞争力的保持而建立并维护的社会关系，体现在组织及组织高层领导的社会资源运用能力。

项目层面项目社会资本是指某个项目层次的社会资本，该类社会资本集中于某个特定项目，为了项目的完成而建立起来的正式或非正式社会关系，体现在项目及项目经理的社会资源运用能力。

　　个人层面项目社会资本是指项目成员个人的社会资本，该类社会资本不属于某个项目或组织，而是项目成员个人所拥有的非正式社会关系，体现在个人运用社会资源的能力。

　　项目社会资本包括上述三类社会资本中可用于某个特定项目的部分，此种分类的界限不是绝对的，根据不同的环境，会有交叉或者互换的情况。本书将项目社会资本如此分类，是基于对社会资本进行分类管理的目的，具有重要意义。

3.1.3　项目社会资本的研究维度

　　本书第2章的文献综述中对社会资本的维度进行了总结归纳，可以看出已有研究对社会资本的维度有不同的研究分类和角度，即使在同样的研究框架下，所选取的衡量维度也有很大区别。基于本书的研究目的，以工程咨询项目为背景，考察社会资本通过知识转移进而对项目绩效的影响，为反映资源交换发生的机会、意愿与能力，按照Nahapiet和Ghoshal[1]的划分方式，将项目社会资本在结构、关系、认知三个维度的框架下来进行衡量。

　　（1）项目社会资本的结构维度

　　项目结构维度（Structural Dimension）是指项目社会关系网络的各种联系的总和以及结构特性，是网络中节点与节点之间联系的程度。结构维度的重点在于联系的特性，如联结是否存在、联结的结构类型和特征、联系的强弱程度、联系的密切度等。网络分析家们用一些能够反映网络微观结构的参数去描述网络的整体特征，如网络规模、网络密度、网络位置、网络强度、中心度、网络异质性、网络顶端、网络范围等[35, 114, 161]。在社会资本理论中，网络强度、结构洞和网络中心性等成为刻画社会资本的结构维度的重要概念[1, 19, 162]。在本研究中，从项目的特性出发，选取网络中心性、互动强度和网络密度等指标来对项目社会资本的结构维度进行衡量。

　　①网络中心性

　　网络中心性表示在网络中处于核心节点或者重要位置节点，处于该位置的节点比其他节点的行动者拥有更多的直接关系。在社会网络中，行动者在其社会网络中占据的位置和与周围联结的情况决定了行动者的权力和影响力，而这些处于核心或者重要位置的行动者，拥有更多的社会资本，越容易掌握较多的资源，即网络中心性越高的行动者拥有越多的社会资本，其影响力越大。

富有结构洞的网络能够为中介行动者提供获取非重叠信息的机会，中介行动者就是善于建立跨越结构洞的桥梁的人[17, 32, 33, 163]。行动者在进行非正式知识转移时，如果处于网络的中心位置，就能够沟通网络节点中的间隙，跨越结构洞，从而与不同知识群体进行交流互动，进而获得更多的知识转移的机会。因此，本书采用网络中心性作为衡量网络结构维度的指标之一。

②互动强度

社会资本的结构维度除宏观角度上的网络位置外，微观角度主要衡量的是社会互动的机会，可以从纵向与横向两个层次考察[55]。纵向上的互动程度是指一段时间内的互动频率，尽管此概念与"关系强度"接近，但它因包含了情感因素而使社会资本维度不够清晰[21]。

Granovetter[106, 163]将网络结构关系划分为"强联系"（Strong Ties）和"弱联系"（Weak Ties）两种类型。强联系是指那些成员间频繁沟通、具有社会情感和相互信任，存在大量资源流动与共享的联系。例如，一般认为，与亲人和亲密朋友之间的关系是强联系，而与邻居、熟人和朋友的朋友之间的关系则是弱联系[106]。Coleman提出紧密联结的网络比松散联结的网络具有更高的社会资本[17]。但Granovetter[106]的"网络联系强度"概念同样混入了社会资本关系维度，在结构性联系中包含了情感、信任等关系性因素。因此，为保证研究概念的单维度和清晰性，本书采用互动强度来衡量项目社会资本的结构维度。

③网络密度

网络密度是从社会互动的横向层次来衡量社会资本的维度，是指某个时间水平上不同成员之间的普遍接触程度，反映了网络内各节点之间关联的紧密程度。Reagans和McEvily[115]用社会内聚性来表示网络密度，描述的是网络内联结主体被强的第三方联结围绕的状况。显然，处于高密度网络中的行动者比处于低密度网络中的行动者能更多地与网络中其他成员相接触，因而信息能够更顺畅地在行动者中流动[165]。因此，本书采用网络密度作为另外一个衡量社会资本结构的维度。

（2）社会资本的关系维度的衡量

关系维度指通过关系创造和利用的资产，包括信任、规范、认可等属性，是管理交易关系行为的潜在的、标准化的维度[166]，是反映网络存在质量的指标。关系维度主要反映了关系网络中的行动者向他人转移资源或进行合作的意愿[21]，其关注的是行动者关系中所蕴含的情感属性、关系质量。即使两个具有相同网络结构联结的行动者，对待他人情感和态度上的差异也会导致行为的重大区别。

关系维度的主要内容包括：信任、规范和认可、义务和期望等[32]。其中信任和期望被认为是社会资本关系维度中的两个关键因素[167]，对于项目管理而言，信任和期望的作用也更加凸显，因此本书采用这两个因素来衡量社会资本的关系维度。

①信任

信任是社会资本关系维度方面的一个非常重要的组成部分。柯江林认为结构性与认知性社会资本都通过信任才能发挥作用[21]，而李敏认为信任不仅是关系维度的核心要素，更是社会资本的本质[168]。信任被一些学者等同于社会资本，他们认为信任是来自于社会关系资本的集体资产[1, 23, 33, 34]，很多研究者认为信任是大部分生产性伙伴关系中的约束力[169]，相互信任的双方能够找到方法以解决冲突、低收益率等问题。信任的产生基于相信另一方具有较好的意图、坦诚公开以及对其能力和可靠性的信赖，相互信任时合作各方确信没有一方会利用另一方的弱点去获取利益。信任将使行为主体减少对同伴行为的控制，更加接受同伴对自己的影响，从而促使二人之间更加准确和及时的信息交流，信任在知识共享中的重要性甚至超过了正式的合作程序对知识共享的重要性[170]。信任是合作的关键因素，可以促使成员互助合作，使节点之间的沟通更为顺畅，因此不但能够提升网络的凝聚力，更有助于维系网络竞争力，行动者间存在信任时，人们更愿意交换知识。信任的私人关系的存在，使得个体间具有较强的知识转移动机，包括较强的转移意愿和由此而获得较好的声誉利益。基于此，本书将信任作为衡量社会资本关系的一个维度。

②义务和期望

义务和期望来源于社会学中的社会交换理论，它是规定网络成员在未来从事某项活动的承诺或责任。社会交换不同于经济交换，它不是实时回报的，在延时回报的过程中，一方对对方回报的期待成为另一方常存于心的义务，当这份义务履行时，期待才能满足。Coleman[23]将义务和期望看成是一种社会资本，即如果行为者 A 为行为者 B 提供了帮助，并且相信行动者 B 在将来会回报他，即 A 对 B 建立了一种期望，而 B 对 A 建立起一种偿还的义务，由此，A 和 B 构成了一种相互服务的关系。Coleman 认为义务就是交往双方之间的一种责任关系，是在特定的关系中发展起来的各种期望。义务和期望是可信赖的网络成员间所必需的。

（3）项目社会资本的认知维度

认知维度是影响资源交换能力的衡量维度。Nahapiet 和 Gohoshal[1]认为认知主要是指能促进个体间或组织间认同或凝聚意识的资源，如共享的各类符号、语言、行为范式等，当个体间或组织间拥有越多此类资源时，社会资本越丰富。认知维度是联系中认知的质量的考核，比如，网络成员是否真正理解对方等[53]。

认知性社会资本主要反映了网络主体进行交换和整合知识的能力。由于知识具有区域性，因此，专家在吸收其他领域知识时往往存在认知受限的情况[171]。根据 Nonaka 和 Takeuchi[64]的知识创造螺旋模型，知识在外化的过程中，其他成员是否能清楚地了解所表述的内容，将对外显知识内化的程度产生重要的影响。如果彼此具备某种共同知识，这将会大大提高知识被吸收的程度，减少知识转移过程中的阻力[67]。Henderson 和 Clark[172]将知识划分为结构与组件两个层次。有关知识组合的整体性知识属于结构层次，而知识系统中的局部知识属于组件层次。根据 Henderson 和 Clark 的观点，Kang、Morris 和 Snell[55]又把认知性社会资本划分为共同结构性知识与共同组件性知识，但是，并未提出相关的操作性定义和测量工具。柯江林[21]在参考 Tsai 和 Ghoshal[19]与 Aquino 和 Serva[54]的研究的基础上，用"共同愿景"和"共同语言"来指代社会资本认知维度。共同愿景对团队内部的作用显著，而本书从跨项目的角度出发，不同于柯江林从团队内部衡量社会资本，因此不采用"共同愿景"这一构建，而采取共同语言来代表知识转移双方在知识方面的相通性。

共同语言（Shared Language）是指社会网络中各行动者共享一种语言和沟通方式。共同的语言是行为者交流的基本平台，是交互行为的基本前提，群体特有的沟通语言是有价值的资产这一观点被越来越多的学者所意识到[84, 173]，如果不存在沟通基础或者沟通基础不一致，则会限制彼此的接触和沟通。共同的语言资源共享和组织的一个共同的概念基础，它使得网络成员互动和交换成为可能。按照 Nonaka[72] 的观点，知识可按照其在组织和个人之间转移的难易程度分为显性和隐性两大类，相对于隐性知识而言，显性知识能够更加容易地编码和转移。在传播方式上，面对面的互动及经常且重复的联系是隐性知识的最佳选择，而社会资本就是通过组织之间的非正式交流使这类知识流动起来，这是社会资本的主要功用[139, 174]。在具有共同语言的平台基础上快速有效地传播知识，实现知识的转移，促进知识创新，达到网络中知识的最佳配置，进而可以提高企业的绩效[175-178]。反之，如果组织成员之间存在不同的语言和规则，则难以沟通，并对信息获取产生阻碍作用。因此，共同语言可以使组织成员更加有效地进行交流（Nahapiet and Ghoshal，1998）。

综上所述，本书对项目社会资本的维度划分如图 3-2 所示。

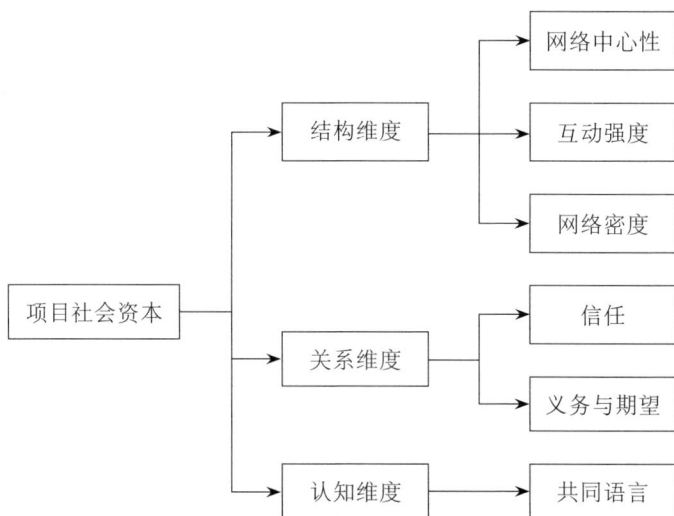

图 3-2　项目社会资本衡量维度

3.2　概念模型的提出

前文的文献综述奠定了本书的理论研究基础。首先，我们了解到社会资本的含义以及对绩效具有积极的影响，但是部分学者认为社会资本可以直接影响绩效，而另一部分学者则认为社会资本通过一定的中介因素间接对绩效产生影响。从上一节中对项目社会资本的定义来看，本书认为社会资本最终的目的是获得项目所需的资源，而衡量的标准则是是否具有获取该资源的能力。因此，本书认为社会资本本身并不是资源，而必须通过一定的中介因素发生作用。其次，通过对工程咨询项目的分析，得出工程咨询项目具有知识性的特点，知识是工程咨询行业竞争的最主要资源，同时，工程项目的临时性、复杂性等特点，使得知识在不同项目间转移成为可能和必然，因此，本书将项目间知识转移作为中介因素，来研究项目社会资本对项目绩效的影响。再次，通过对绩效相关文献的梳理，了解到在管理学领域，对于绩效的评价和定义不一而同。对于本书的研究对象——工程咨询项目，除了从一般项目管理绩效角度去衡量，还应该考虑到其知识密集型的特性，将创新绩效纳入绩效范畴。因此，本书中对于项目绩效的考核采用任务绩效和创新绩效双维度。

综合以上分析，根据前文的理论基础和本书的研究机理，得出本书的研究框架如图3-3所示。

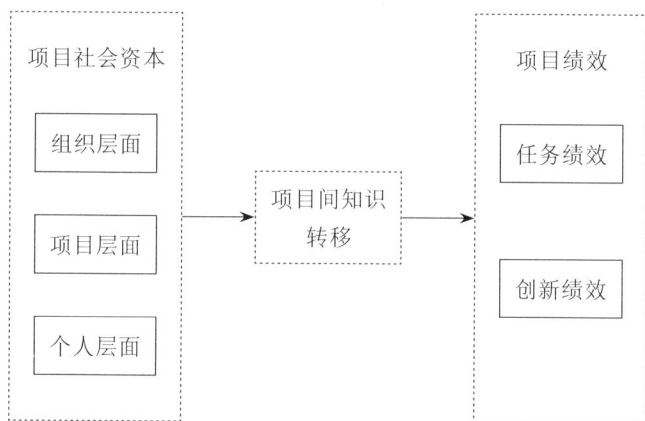

图3-3　本书的研究框架

从研究框架可以清晰地看出，本书的研究思路是项目社会资本通过项目间知识转移对项目绩效产生影响。为了突破以往社会资本研究中单一层次的局限，本书试图从跨层次的视角来研究项目社会资本以及其对项目绩效的影响。首先，根据上一节中对社会资本层次的划分，将社会资本按照组织层级分为组织层面、项目层面和个人层面三个层次，考察三个层面的社会资本通过项目间知识转移对项目绩效的影响。其次，根据上一节中对社会资本研究维度的分析，对于组织、项目和个人每个层面的研究维度，都从结构维度、关系维度和认知维度三个维度来衡量，具体考察每个层面的不同维度通过项目间知识转移对项目绩效的影响。因此，根据研究框架和本书的研究目的，本书提出的概念模型如图3-4所示。

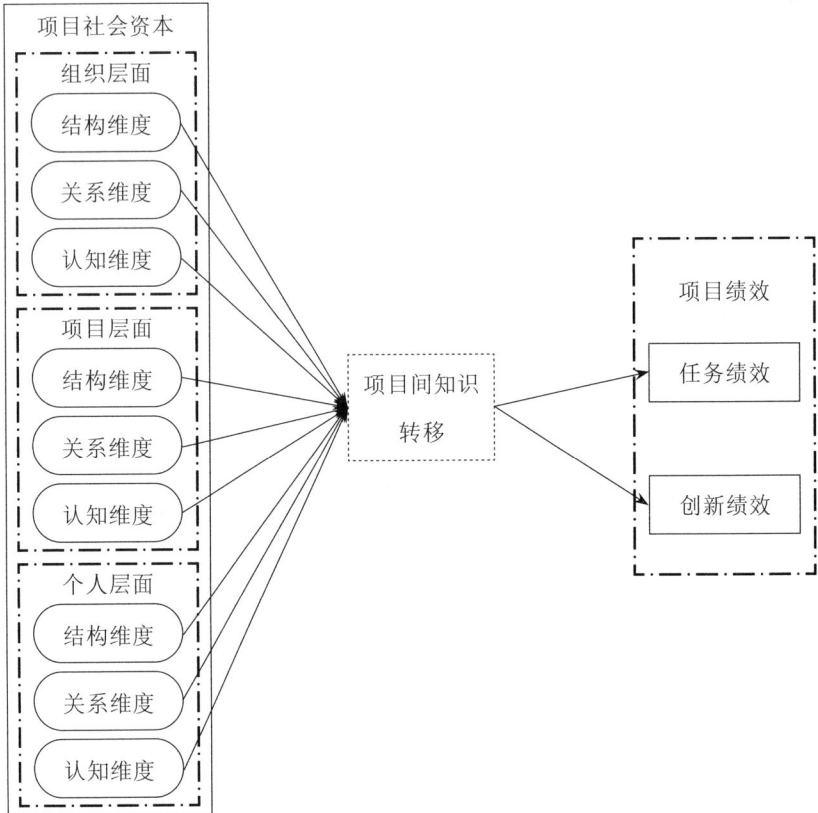

图3-4 本书的概念模型

3.3 研究假设

根据本书的概念模型，本书提出项目社会资本、项目间知识转移和项目绩效三者之间的关系构建。其中，项目社会资本分别从组织、项目和个人三个层面来考察，从结构、关系和认知三个维度来细分。结构维度又按照网络中心性、互动强度和网络密度三个子维度进行分析，关系维度从信任和义务与期望两个子维度进行分析，认知维度从共同语言的子维度进行分析。项目绩效分为任务绩效和创新绩效两个维度。本节将按照研究框架中提出的项目社会资本通过项目间知识转移对项目绩效的影响这一路径进行假设关系的构建。

3.3.1 项目社会资本的结构维度与项目间知识转移

根据前文中对项目社会资本维度的划分，本书的结构维度将从网络中心性、互动强度和网络密度三个子维度进行分析。

（1）网络中心性与知识转移

网络中心性所描述的是行动者在网络中所处的位置，反映了行动者在网络中影响力的大小，以及行动者在网络中建立联系的数量以及掌握资源的数量。任何一个行动者在社会网络结构中都有其所处的位置，位置将会影响行动者所能控制的资源。网络中心性是社会网络分析中常被用来检测个体取得资源、控制资源可能性的结构属性。

在网络中心性的观点下，任意行动者之间的纽带关系都是一种客观存在的社会结构，当行动者的网络中心性越高，和周围行动者所建立的联系越多时，其在网络中越能够获得更多信息、资源等，进而使行动者的绩效表现越佳[179]。另外，网络中心程度高，行动者在网络中的位置能带给人们更多正面的影响，人们更加愿意相信在网络中处于中心位置的个体，愿意与之分享自身的知识。

实证方面，Hansen[113]、Tsai 和 Ghoshal[19]、赵延东和罗家德[180]等从不同研究层面研究了行动者的网络中心性与创新、知识分享、知识转移的关系，发现在网络中处于中心位置的行动者，其创新、知识分享、知识转移的效果与其他行动者具有显著差异。

知识转移是一种社会化过程，它的基础是人与人之间的互动学习过程。在建设项目中，由于参建方众多和建设周期较长，由参建方组成的网络纷繁复杂，且随着建设周期的变动网络会发生动态变化，所需知识资源也随着网络的变化而流动。因此，处于网络中心位置或接近网络中心位置的行动者，由于与其他行动者的联系较多，能在复杂动态的网络中迅速找到所需知识资源，实现知识转移的目的。

（2）互动强度与知识转移

互动强度反映了网络中各行动者之间联系的频繁程度，它与知识资源的交换机会紧密相连。Kang、Moris 和 Snell[55] 等认为分享主体间高频率的互动能够带来更多认识和接触独有知识的机会，因此，相对于弱联系，强联系对主体间分享精细化和深层次的知识更加有利。

知识的转移可以看作是一种互动的过程，良好的互动关系可以促进这种互动过程，与网络中其他行动者的联系越频繁，则互动主体彼此之间的知识转移绩效也会越高。互动为交流沟通提供了机会和媒介[181]。在一个跨组织的网络中，各个合作伙伴之间的互动为沟通提供了平台，随之，在网络内部就会出现知识交换和组织学习[182]。Larson[183] 在跨组织活动的研究中发现，创业公司和交易伙伴之间具有越强的社会互动性，则它们之间交流的商业信息就会越多。Ring 和 Van de Ven[184] 的研究发现，与交易伙伴的社会互动能对对方能力及可靠性的满意度具有提高作用，进而信息交流能够强度更高、频率更高并且更加广泛。Dyer 和 Nobeoka[118] 在对 Toyota 公司的研究中发现，与供应商建立强联系对于快速地与对方交换和分享有价值知识具有促进作用。Tsai 和 Ghoshal[19] 认为在大型集团公司内部，事业部之间的社会互动能够使其有更多的资源交换机会。

实证方面，许多学者的经验研究都证实了组织之间的互动强度与知识转移绩效之间的正相关关系[185-187]，合作企业之间的持续互动可以促进知识转移[188]，而密切的社会互动可以提高双方知识交流的深度、广度和效率[189]。

对于建设项目而言，广泛的网络规模为建设各方提供了良好的平台，项目间的友好互动会促进不同单位间的知识转移。基于以往互动强度与知识转移的研究，本书认为在项目层次，与其他行动者的互动较多的行动者，将能够在复杂动态的网络中获得更多的知识转移的机会。

（3）网络密度与知识转移

网络密度描述的是某个时间水平上不同行动者之间的普遍接触程度，反映了网络行动者之间的横向联系。与互动强度一样，网络密度与知识资源的交换机会紧密相连。网络使得企业有更多的机会从外部环境中获取信息、资本、服务等关键资源，这些关键资源可以使企业保持并提升竞争优势[134]。行动者在广泛的网络接触中进一步增加了对彼此技能与知识的了解，这使得他们能在需要时快速地找到网络内相关专家[55]。

Burt[32]识别了网络联系的三个信息收益，其中两个是获取信息和获得优先推荐，这些收益提升了企业获得相关信息的能力。网络密度同资源交换的机会紧密相关，Burt认为在其他条件相同的情况下，企业获取信息的能力与其所拥有的联系数目成正比。Butler和Hansen[190]的研究认为网络结构规模的大小与企业家创业所能获得的支持有一定的联系。个体网络规模大小代表其拥有的社会资本的丰裕度，社会资本越丰富，其在社会行动中越可能有优势地位。企业内各职能部门之间的联结密度，作为治理机制能促进知识的交换，有助于发展信任和合作，促进共同知识的形成[191]。Tsai[192]认为在一家多事业部制的公司中，每个事业部都是通过与其他事业部建立联系网络而获得接触新知识的机会的。

在网络密度与知识转移的实证研究方面，柯江林等[21]、张志勇和刘益[122]、Ingram和Roberts[193]、Hansen[113]以及Reagans和McEvily[115]等的研究中均证实了网络密度对知识转移效果的正向影响。

如前所述，随着建设周期的变动，网络也会随之发生动态的变化，而某一行动者对网络的广泛接触将会使其对网络中其他行动者技能与知识的了解有所增加，能使其在需要时快速地找到网络内相关专家，进而创造知识转移的机会。

综上所述，从项目层次出发，本书提出以下研究假设：

H1：组织层面的项目社会资本结构维度对项目间的知识转移具有

正向作用。

H2：项目层面的项目社会资本结构维度对项目间的知识转移具有正向作用。

H3：个人层面的项目社会资本结构维度对项目间的知识转移具有正向作用。

3.3.2 项目社会资本的关系维度与项目间知识转移

根据前文的分析，本书的关系维度从信任与义务和期望两个子维度进行分析。

（1）信任与知识转移

信任是基于对对方执行某项特定的、对于信任者很重要的行为的期望，而接受使自己在相对于对方的行为时变得更易受攻击的意愿[194]。信任被认为是一种可缓解对合作伙伴机会主义行事的担心的期望[195]。

信任通过创造或改善与知识交流相关的一系列必要条件而影响知识的交流和整合[1]。信任与知识转移的意愿紧密相连，与他人分享知识，虽然知识拥有者不会减少知识资产的拥有，但是他的知识优势将会受到挑战，甚至受到威胁。因此，只有在知识拥有者愿意承担这些风险时，知识转移才会发生，信任就是这种承担风险的意愿[196]。合作双方的信任关系的程度越高，联系各方就更愿意共享和交换信息[197]。Smelt-zer[198]指出，不论是个体之间还是组织层次的信任，在不同组织之间的交流关系中都是非常重要的。

信任按照信任对象可以分为对组织的信任和对人员的信任，因此，下面将就这两方面的信任分别进行阐述。

①对组织的信任

员工对组织的信任有以下几种表现形式：相信组织对待自己是公平的，相信组织的发展前景良好，相信组织对自己的工作提供支持，等等。员工对组织的信任会使其感知到更多的来自组织的支持，进而增进员工对组织的承诺。社会交换理论认为，员工会为了回报对组织的支持，而乐于进行知识交流，而且员工对组织的信任也有利于形成顺畅的组织沟通氛围，从而为员工间的知识共享提供良好的外部环境。现有的研究发现，员工感知组织支持、组织承诺和组织的良好沟通氛围都会正向影响知识交流的产生[199]。

员工对组织的信任也体现在对组织高管的信任上，此类信任会使员工对高管的看法更加正面，进而影响员工进行知识转移的意图和行为。Politis[200]的研究结果显示，员工对管理层的信任会显著地影响知识获取。Lin和Lee[201]通过对中国台湾大型企业高级经理的经验研究发现，高级经理对于知识共享的态度、主观准则和感知行为控制会显著地影响知识共享的意图，而共享意图会显著地影响知识共享行为的产生。

Uzzi[112]认为在互换的交换条件下会产生组织间的信任，因为合作伙伴不会为自己的利益而试图占对方便宜，并且双方都会优先考虑组织间关系，因而信任对资源交换活动具有促进作用。组织间的信任程度愈高，知识转移的程度也会愈高。Granovetter[163]指出高度的信任意味着合作企业间有着紧密的嵌合度，对于互惠互利的交换和联合解决问题大有帮助。Philipp和Kaser[202]认为组织间的信任程度越高，越有利于知识的转移。

②对人员的信任

对人员的信任体现为对同事的信任和对主管的信任。

员工对其同事的信任是其知识共享意愿的重要影响因素，员工基于对同事间关系的信任，会感知其所处组织的良好沟通氛围，便于组织成员间进行知识交流[199]。社会交换理论认为，知识的贡献者基于信任，会产生对方在将来以某种回报的行为来弥补自己损失的期望。Politis[200]的研究发现，员工获取知识的沟通维度受到员工对同事的信念、对同事的信心等信任维度的显著影响。Chowdhury[203]在对信任与知识共享之间的关系的研究中发现，认知信任对专业合作具有促进作用，情感信任会使员工具有社会交往中的共享价值观、感知和心智模式，二者都会显著影响复杂知识共享。Lin（2007）的研究表明同事信任会显著影响隐性知识共享。

根据Zander等[84]的研究，当知识转移的参与者之间存在较高的信任水平时，提供方会相信对方将来会回报自己，并愿意冒一定的风险，减少对同事的防御性行为，从而更愿意提供给对方有用的知识；同时，信任也使得接受方相信提供方的能力和善意，以及所提供知识、信息的准确性，从而增加吸收和运用这些知识的意愿。此外，信任使得知识转移的交易成本降低，在客观上促进了知识转移的发生。但是信任对提高知识转移的绩效并不具有直接作用，而是通过提高知识转移者和知识接受者双方的转移意愿，继而间接提高知识转移的绩效[204]。

不仅组织成员间的信任可以促进知识的转移和交换，组织成员对于领导的信任不但会促进员工对领导的知识转移，也会对成员间的知识转移产生间接影响。主管作为组织政策的贯彻与执行者，根据"领导–成员交换"（LMX）理论[205]，主管信任除了像同事信任一样能产生直接资源交换意愿之外，根据社会交换理论，成员会出于对主管的信任而对其他成员也表现出可信行为，进而产生间接资源交换意愿[21]。柯江林[21]、徐碧祥[199]以及 Tan 和 Tan[206]的研究都表明主管信任对知识分享与整合具有显著影响。

（2）义务和期望与知识转移

义务和期望是指网络中各行动者从事某项活动现实的或潜在的责任或承诺。网络成员在共享和转移技术、知识、信息等资源时，拥有独特知识、信息或资源的成员会感到有义务为其他成员提供这些资源，同时也期望对方能在未来对自己履行此义务。

在存在义务和期望的网络中，各成员能够信守承诺，遵守互惠原则，给予对方相应的回报，以达到共赢[19]。网络中的成员互相信任，并能认识到自己对所执行活动的承诺和帮助对方的义务。对于知识转移来说，网络中存在的这些义务和期望会影响到网络成员交换知识的机会，同时也会影响到网络成员是否具有交换知识的动机。

为了创造更多的社会资本，网络成员间需要保持长期的义务和期望关系，并保持畅通有效的交流。网络成员间的义务和期望可以促进彼此的长期交往和紧密联系，可以使行动者相信对方会在未来自己需要帮助时给予同样的回报，而不用担心只有付出。一旦网络成员拥有了较多可以获得合作伙伴回报的机会，则即使在复杂、多变、动荡的环境中，他们仍然保持较高的抗风险能力和发展能力。

综上所述，从项目层次出发，本书提出以下研究假设：

H4：组织层面的项目社会资本关系维度对项目间的知识转移具有正向作用。

H5：项目层面的项目社会资本关系维度对项目间的知识转移具有正向作用。

H6：个人层面的项目社会资本关系维度对项目间的知识转移具有正向作用。

3.3.3 项目社会资本的认知维度与项目间知识转移

社会资本的认知维度代表了资源交换的能力。共同语言作为沟通的基础，当了解他人的专业知识时，就很容易对该知识产生兴趣，并快速地理解与吸收，这将极大地促进成员之间进行快速的、大量的知识转移。

不管是从个人层次还是组织层次，共同语言对于知识转移都是非常重要的。从企业外部来看，企业之间共享相同的语言，可促进信息的获取[1]。Zander[84]等提出企业需要对社会知识基础和共同知识的理解，才能实现企业间的知识共享。Simonin[207]认为企业间在经营惯例、制度传承和组织文化等方面的差异程度可以影响组织间知识转移的效果。从企业内部来看，知识的开发利用需要企业内部各部门员工之间共享相关知识[208]，它能促进企业内部的知识获取和转移[76]。同样，在个体层次上，如果没有共同的认知框架，知识也就无法被个体发现、理解和交换[209]。Cohen和Levinthal[76]提出的吸收能力的概念，特别指出了主体相似的知识基础决定了他们吸收外部知识的能力。Jansen等[210]认为社会化能力有助于形成沟通的共同编码和主导的价值观，从而促进消化和利用已获得的知识和信息。

在工程项目管理咨询网络中，被咨询者在专业技能、工作经验等各方面较其他成员必有过人之处，因为专业知识能力的内化是一个长期的过程，很难快速养成。因此，知识能否成功转移的关键取决于个体间编码和语言、叙事方式以及方法观念等因素的差异，如果双方的知识距离过大，知识转移将不能顺利完成。

基于以往研究，从项目层次出发，本书提出以下研究假设：

H7：组织层面的项目社会资本认知维度对项目间的知识转移具有正向作用。

H8：项目层面的项目社会资本认知维度对项目间的知识转移具有正向作用。

H9：个人层面的项目社会资本认知维度对项目间的知识转移具有正向作用。

基于以上分析和社会资本的各个维度对项目间知识转移具有正向影响的假设，本书从组织、项目、个人三个不同层面来研究项目的社会资本，因此提出以下假设：

H10：组织层面项目社会资本对项目间知识转移具有正向作用。

H11：项目层面项目社会资本对项目间知识转移具有正向作用。

H12：个人层面项目社会资本对项目间知识转移具有正向作用。

3.3.4 项目间知识转移与项目绩效

基于本书的研究对象，本书从任务绩效和创新绩效两个方面来衡量工程咨询项目的绩效。本部分假设将分别从项目间知识转移与任务绩效和项目间知识转移与创新绩效的关系进行分析。

（1）知识转移对任务绩效的影响

由于本书的研究对象是工程咨询项目，而工程咨询项目主要是提供以知识为载体的产品和服务，是知识密集度非常高的活动，必须在拥有大量数据和信息的基础上，综合运用复杂的知识来完成。对于工程咨询项目来说，一个人或者仅具备一个项目的知识往往是难以完成项目任务的，利用社会网络获取知识是一个有效的方法，而知识转移是否有效则成为项目任务能否成功完成的关键因素。通过项目间知识转移，项目成员可以从其他人员或组织处获得所需知识，进而缩短完成项目时间以及降低学习成本，同时也可以吸收他人以往的经验，减少错误发生率，提高任务绩效。

工程咨询项目与其他管理项目相似，衡量其是否成功要综合评估它在时间进度、预算控制以及产品或服务性能等方面是否符合原有计划。虽然还鲜有人研究工程咨询项目的绩效，但是我们仍然可以从其他方面的研究来获得相关启示。

Hansen 等[9]认为员工可以通过对显性知识的重复使用，解决工作中的一般性问题以及提供标准化的产品或服务，从而提高个体解决问题的效率。Teigland 和 Wasko[211]认为，员工通过对获取的已经编码的知识和现有知识的综合利用，能够促进个体更快地开展工作，提高工作效率。Sarin 和 McDermott[212]认为通过学习和知识整合，团队成员可以减少在应用知识过程中出现的错误，并快速做出决策，不仅能够缩短知识创造周期，推进研发进程，同时也能减少创新过程中的试错成本和人工成本，进而提高预算控制的水平。可见，知识的获取和整合即知识转移可以提高市场反应速度，进而提高任务绩效。Yli-Renko 等[136]通过对120家高技术企业的调查研究，发现从合作伙伴处获取知识可以缩短新产品的上市时间并降低生产成本。Zahra 等[189]认为企业所获取的知识应该具有多样性，多样性的知识能够提高企业的处理速度，缩短了产品开发的周期，加快企业新产品上市的速度，这为企业在市场中获取有利地位提供了一定的优势。Dyer 和 Singh[213]的研究也认为如果合作企业加大对与其他企业关系的投入，可以促进从其他企业处获取所需知识，从而不仅降低了产品缺陷的数目，也加速了新产品开发的过程。

基于本书的研究目的，综合以上分析，提出以下假设：

H13：项目间知识转移对项目任务绩效具有正向作用。

（2）知识转移对创新绩效的影响

创新对于任何活动来说都是获得市场竞争力的重要方式，而知识是创新的源泉，知识管理活动能够在创新行为中融入先进的信息技术和知识开发，从而提升创新绩效及能力[214]。通过个人学习增加知识无疑有助于个体创新绩效的提高，但是通过社会关系来获取知识，可以节省自我学习的时间，从而提高获取知识的效率以及工作效率，进而促进对知识的学习和利用以及提高创新绩效。Cohen 和 Levinthal[76]提出因为新产品开发需要多种专业知识的综合和合并，而这些知识来自许多不同技术领域，因此通过企业外部网络关系的知识获取，有助于相关部门开发新产品。Christine 等[215]的研究表明从合作伙伴处的知识获取与创新性的问题解决之间具有正相关关系。

关于知识获取与创新之间关系的论述已经很多，Teece、Pisano 和 Shuen[216] 强调了知识在越来越激烈的竞争环境中具有非常重要的作用，一个组织是否能够比其他企业更有效地获取、整合外部知识，在一定程度上决定了其产生创新的概念的速度和开发新产品的速度和数量。同样，Iansiti 和 West[217] 的研究也表明在竞争越来越激烈的产业中，自行建立企业开发产品所需的技术往往来不及，通过获取外部知识并进行知识整合成为必然之选，企业具有越高的知识整合效率，则研发的绩效也会越高。Kogut 和 Zander[84, 173] 认为组织各单位之间的知识转移为它们之间的互相学习提供了机会，并对新知识的创造和单位间的合作产生促进作用，进而提升组织单位的创新能力。在跨组织合作的前提下，知识转移同样能够对合作关系所带来的效益产生积极的影响[218]。Von Hippel[219] 认为企业新产品开发的重要信息来源之一是客户，客户可以基于使用者的角度，为企业提供关于产品质量改善或新的功能需求等方面的信息。

实证方面，Christine 等[215] 研究了网络内的外部知识获取与解决创新性的问题之间的关系，数据分析的结果表明，两者存在正相关关系。Yli-Renko 等[136] 指出由于高新技术企业的新产品开发需要对许多专业领域的知识进行整合，通过对高新技术企业的研究，认为通过与顾客的关系来获取所需知识，对于高新技术企业开发新产品具有重要的意义。

由于工程咨询项目特殊的工作性质，对于隐性知识和经验的要求较其他行业更高。隐性知识是员工创新的重要因素，而隐性知识的绝大部分内容与组织及外部环境有关，经过长期的积累形成，具有组织和环境的嵌入性。对知识工作者来说，不同类型的知识对创新绩效的影响尤为显著。Reed[220] 研究了知识工作者的创新行为，研究发现对知识工作而言，缺乏统一性和标准性，而抽象的、理论性的知识和环境知识对于知识工作是非常重要的，知识工作的基础是是否拥有与具体组织有关的知识，这可以帮助个体进行系统性和创造性的思考。Koskinen 等[221] 的研究结论表明员工在互动的社会关系下获得的隐性知识和主观观点以及制度和暗示，能够促进员工的知识创新，提高完成工作的效率和创造性。由此可见，员工可以通过互动进行思想交流和信息沟通，通过组织社会关系网络来获取知识，从而促进新思想和新概念的产生。

对于工程咨询项目而言，涉及的专业众多，需要将来自不同专业领域的知识结合起来。通过知识转移可以带给项目以新的知识，并通过项目成员的吸收整合达到创新的效果。已有的研究成果从其他的行业和角度证明了知识的有效转移，对组织创新的成功、新产品开发数量的增加、开发周期的缩短以及新产品开发的成功率等方面都有一定的影响，因此，本书提出如下假设：

H14：项目间知识转移对项目创新绩效具有正向作用。

综合以上分析，本书研究假设列表如下（见表3-1）：

表3-1 **本书研究假设列表**

序号	研究假设
H1	组织层面的项目社会资本结构维度对项目间的知识转移具有正向作用
H2	项目层面的项目社会资本结构维度对项目间的知识转移具有正向作用
H3	个人层面的项目社会资本结构维度对项目间的知识转移具有正向作用
H4	组织层面的项目社会资本关系维度对项目间的知识转移具有正向作用
H5	项目层面的项目社会资本关系维度对项目间的知识转移具有正向作用
H6	个人层面的项目社会资本关系维度对项目间的知识转移具有正向作用
H7	组织层面的项目社会资本认知维度对项目间的知识转移具有正向作用
H8	项目层面的项目社会资本认知维度对项目间的知识转移具有正向作用
H9	个人层面的项目社会资本认知维度对项目间的知识转移具有正向作用
H10	组织层面项目社会资本对项目间知识转移具有正向作用
H11	项目层面项目社会资本对项目间知识转移具有正向作用
H12	个人层面项目社会资本对项目间知识转移具有正向作用
H13	项目间知识转移对项目任务绩效具有正向作用
H14	项目间知识转移对项目创新绩效具有正向作用

4 研究设计与方法

本章的目的是为检验上文中的概念模型和研究假设而设计合理的测量问卷。本章包括三个部分：首先，说明本研究问卷的设计原则与程序；其次，针对本研究的目的，遵循问卷设计的原则，并借鉴已有文献中相关的变量测量量表，形成初始测量量表；最后，通过小样本预调查，对量表进行评估，并根据评估结果对量表进行修正，形成最终的测量量表。

4.1 问卷设计

4.1.1 问卷设计的原则

本研究收集研究所需资料的主要方法为调查问卷法，调查问卷法是研究社会科学问题的一种有效的方法。在问卷设计原则和可靠性方面，按照问卷设计的一般原则，主要包括问卷的理论构思、问卷格式、问卷项目的语句和问卷用词方面。

在构思上，问卷内容和调查量表根据问卷设计的目的确定，设计问题时，尽量在被访者的知识和能力范围内；问题的项目尽量明确，避免含混不清；在问题的内容上，避免敏感性、威胁性和引导性的因素。

根据本书的研究模型和目的，采用结构化问卷方式，按照Likert多选项量表设计，用1~5的分值表示被访者对问题的认知程度，其中1=完全不同意，2=不同意，3=不确定，4=同意，5=完全同意。

在问卷项目的语句和用词方面，用语尽可能明确、具体，尽量避免复杂语句或带有引导性的问题，避免多重含义或隐含某种假设，避免过于抽象；避免使用专业术语，使语言通俗易懂。

4.1.2 问卷设计的过程

在问卷的设计过程方面，有三大步骤：

第一，对相关文献进行回顾梳理，收集与所测量变量相关的量表，为问卷设计奠定基础，形成题项。

本书为了保持研究的一贯性和连续性，通过整理关于社会资本、知识转移和项目绩效的国内外重要文献，并结合工程咨询项目的实际特点形成各变量的测量题项。

第二，通过小规模重点访谈，与相关的项目人员进行深入的沟通，形成最终的调查问卷。

首先在与其他专业科研人员的学术探讨中，对测量题项的合理性进行详细讨论；其次通过对本人实习过的工程咨询项目的同事和领导进行沟通和访谈，根据他们的相关经验和建议，对某些变量的题项进行修改和补充，并消除量表题项的歧义和不明确之处。

第三，通过小样本数据的预测，删除不符合条件的题项，并形成最终的调查问卷。

在进行正式的大规模调查之前，本研究进行一次预测的分析工作，通过信度分析、探索性因子分析来筛选出最能度量所需变量的题项，并形成最终的用于大规模调查的有效量表。

4.2 变量的测量

根据本书的概念模型和研究假设，确定问卷量表中需要测量的变量可以分为四类：（1）自变量，包括组织级别、项目级别和个人级别项目社会资本的结构维度（网络中心性、互动强度、网络密度）、关系维度（信任、义务和期望）和认知维度（共同语言）；（2）中介变量，即知识转移；（3）因变量，即项目绩效（任务绩效和创新绩效）；（4）控制变量，即没有进入正式模型，但对模型的某些变量具有潜在影响的因素，包括项目成员的年龄、学历、职称、在项目中的角色。

4.2.1 自变量的测量

（1）项目社会资本结构维度的测量

在本研究中，项目社会资本结构维度主要包括三个方面：网络中心性、互动强度和网络密度。

在网络中心性的测量方面，Johannisson 和 Ramirez-Pasillas[222] 用双向关系的企业数目、与其他企业的直接或间接关系以及守门角色三个指标对网络中心度进行了测量。邬爱其（2004）则根据社会网络分析法对网络中心度进行直接计算。Batjargal[223]、Giuliani 和 Bell[224] 等分别从点度中心度、接近中心度和中间中心度等三种网络中心性的定义出发，提出了网络中心性的测量项目。国内学者王晓娟[225]、彭澎[226]、朱亚丽[227] 等在相关研究中也主要参考了 Batjargal 等人的量表。

在互动强度的测量方面，Aquino 和 Serva[54] 用团队成员之间的非正式交流来衡量。何芳蓉[59] 衡量团队社会资本结构维度的社会性互动指标与本书的互动强度内涵一致。柯江林等[21] 在 Aquino 和 Serva[54]、林亿明[50] 和何芳蓉[59] 的基础上，用 4 个项目测量企业 R&D 团队的互动强度。在综合以上量表的基础上，并结合对相关工程咨询人员的访谈，本研究设定了互动强度的 3 个测量项目，来测量项目人员进行互动的频率。

在网络密度的测量方面，郭贵林[8] 提出，应首先确定包括哪些社会网络。Krackhardt[228] 将组织内的社会网络分为情感网络、咨询网络与人际网络三种。Ibarra[229] 则认为组织中个体的社会网络分为沟通网络、咨询网络、支持网络、影响网络、友谊网络等五种形式。结合对相关项目人员的访谈，本研究认为咨询网络（反映的是相互探讨诸如专业之类的问题）与本书的研究目的最为契合，因此，本书采用依据咨询网络设计了测量题项。

在以上研究的基础上，结合本书的研究目的，本书设定了三个层面的项目社会资本结构维度的测量题项，分别见表4-1、表4-2和表4-3。

表4-1　　　　　组织层面项目社会资本结构维度测量题项

A11	我所在公司的领导层及公司在业内很有名，行业内大部分人都了解领导层及公司的能力
A12	行业内的技术交流中，我所在公司的领导层经常担当中介作用
A13	我所在公司的领导层经常给行业内的其他企业或人员提供帮助，传播自己的经验
A21	我所在公司的领导层与本项目外部人员经常互相了解情况
A22	我所在公司的领导层与本项目外部人员有定期的正式往来
A23	我所在公司的领导层与本项目外部人员经常有各种形式的非正式交流
A31	我所在公司的领导层与本项目的其他建设方人员联系非常广泛
A32	我所在公司的领导层与其他类似项目的人员联系非常广泛
A33	我所在公司的领导层与业界其他相关人员联系非常广泛

表4-2　　　　　项目层面项目社会资本结构维度测量题项

D11	项目经理在业内很有名，行业内大部分人都了解我的项目经理的能力
D12	行业内的技术交流，我的项目经理经常担当中介作用
D13	我的项目经理经常给行业内的其他企业或人员提供帮助，传播自己的经验
D21	我的项目经理与项目外部人员经常互相了解情况
D22	我的项目经理与项目外部人员有定期的正式往来
D23	我的项目经理与项目外部人员经常有各种形式的非正式交流
D31	我的项目经理与本项目的其他建设方人员联系非常广泛
D32	我的项目经理与其他类似项目的人员联系非常广泛
D33	我的项目经理与业界其他相关人员联系非常广泛

表4-3　　　　　　　　　个人层面项目社会资本结构维度测量题项

G11	本项目组成员在业内很有名，行业内大部分人都了解他们的能力
G12	行业内的技术交流，本项目组成员经常担当中介作用
G13	本项目组成员经常给行业内的其他企业或人员提供帮助，传播自己的经验
G21	本项目组成员与项目外部人员经常互相了解情况
G22	本项目组成员与项目外部人员有定期的正式往来
G23	本项目组成员与项目外部人员经常有各种形式的非正式交流
G31	本项目组成员与本项目的其他建设方人员联系非常广泛
G32	本项目组成员与其他类似项目的人员联系非常广泛
G33	本项目组成员与业界其他相关人员联系非常广泛

（2）项目社会资本关系维度的测量

在本研究中，项目社会资本关系维度主要包括信任、义务和期望两个方面。

在信任的测量方面，有许多成熟的量表。Dhanaraj等[230]的研究中，采用了5个题项测量国外母公司与在匈牙利的合资企业之间的信任，Li[231]用2个题项来测量欧洲母公司与在华子公司之间的信任，Zaheer、MeEvily和Perrone[14]采用5个测量题项对组织间的信任进行了测量，Kwuon和Suh[232]则采用10个测量题项对供应链内企业间的信任进行了测量，McEvily和Marcus[233]用3个测量题项对企业间信任进行了测量，以上量表的测量题项的信度系数都达到了0.7以上，可以作为本研究的参考。

在义务和期望的测量方面，NahaPiet和Ghoshal[1]、Coleman[17]提出了理论框架和描述，但并没有做实证研究。郭贵林[8]依据NahaPiet和Ghoshal、Coleman的研究提出了4个题项来测量义务和期望。本研究在参考上述文献的基础上，结合对工程咨询项目人员的访谈和咨询，设计了3个测量项目来衡量义务和期望指标。

综合以上两个方面，本书对项目社会资本关系维度的测量分别从组织层面、项目层面、个人层面三个层面来衡量，具体见表4-4、表4-5

和表4-6。

表4-4　　　　　　组织层面项目社会资本关系维度测量题项

B11	我所在公司的领导层与本项目外部人员相信彼此的能力，尊重彼此的知识
B12	我所在公司的领导层与本项目外部人员会分享彼此的工作经验
B13	我所在公司的领导层与本项目外部人员相信彼此不会随意泄露交流的知识
B14	我所在公司的领导层与本项目外部人员在困难时会彼此提供帮助
B21	我所在公司的领导层与本项目外部人员能互惠合作
B22	我所在公司的领导层致力于与本项目外部人员保持长久的交往关系
B23	我所在公司的领导层致力于与本项目外部人员忠诚于彼此的合作

表4-5　　　　　　项目层面项目社会资本关系维度测量题项

E11	我的项目经理与项目外部人员相信彼此的能力，尊重彼此的知识
E12	我的项目经理与项目外部人员会分享彼此的工作经验
E13	我的项目经理与项目外部人员相信彼此不会随意泄露交流的知识
E14	项我的项目经理与项目外部人员在困难时会彼此提供帮助
E21	我的项目经理与项目外部人员能互惠合作
E22	我的项目经理致力于与项目外部人员保持长久的交往关系
E23	我的项目经理致力于与项目外部人员忠诚于彼此的合作

表4-6　　　　　　个人层面项目社会资本关系维度测量题项

H11	本项目组成员与项目外部人员相信彼此的能力，尊重彼此的知识
H12	本项目组成员与项目外部人员会分享彼此的工作经验
H13	本项目组成员与项目外部人员相信彼此不会随意泄露交流的知识
H14	本项目组成员与项目外部人员在困难时会彼此提供帮助
H21	本项目组成员与项目外部人员能互惠合作
H22	本项目组成员致力于与项目外部人员保持长久的交往关系
H23	本项目组成员致力于与项目外部人员忠诚于彼此的合作

（3）项目社会资本认知维度的测量

本书采用共同语言来衡量项目社会资本的认知维度。Chiu 等[234] 用"企业间网络中各成员企业共享一种工作语言，能够有效沟通"这一题项来测量共同语言。韦影[60] 用网络联系因有共同语言能有效沟通来衡量这一指标。柯江林[235] 针对企业 R&D 团队开发的社会资本量表中，用4个测量项目来测量共同语言。本书根据以上文献，针对工程咨询项目，对项目社会资本的三个层次分别设计了3个测量项目，具体见表4-7、表4-8和表4-9。

表4-7   组织层面项目社会资本认知维度测量题项

C11	我所在公司的领导层与本项目的其他建设方有共同语言，能良好沟通
C12	我所在公司的领导层与其他类似项目的人员有共同语言，能良好沟通
C13	我所在公司的领导层与业界其他相关人员有共同语言，能良好沟通

表4-8   项目层面项目社会资本认知维度测量题项

F11	我的项目经理与本项目的其他建设方有共同语言，能良好沟通
F12	我的项目经理与其他类似项目的人员有共同语言，能良好沟通
F13	我的项目经理与业界其他相关人员有共同语言，能良好沟通

表4-9   个人层面项目社会资本认知维度测量题项

I11	本项目组成员与本项目的其他建设方有共同语言，能良好沟通
I12	本项目组成员与其他类似项目的人员有共同语言，能良好沟通
I13	本项目组成员与业界其他相关人员有共同语言，能良好沟通

4.2.2   中介变量的测量

对于知识转移的测量，根据本书的研究情景，本书将知识转移的内涵定义为知识的获取和吸收。在测量知识获取方面，Yli-Renko 等[136] 用了4个题项，Tsang[236] 采用了9个题项。Norman[237] 在对高新技术联盟中知识获取的测量中，采用了4个测量题项。Steven 等[238] 用6个题项来测量合资企业中美方在华知识获取绩效。黄延聪[239] 采用了6个题项。Presutti等[240]采用了2个题项来测量企业从国外客户处的知识获取。王立生[241]用5个项目测量企业从客户处的知识获取。

柯江林[235]根据郑仁伟和黎士群[196]、郑景华和汤宗益[242]及何芳蓉[59]的量表，分别开发了知识共享和知识整合的测量项目，具有较高的内部一致性。Tiwana[243]用4个项目测量电子商务团队的知识整合。在综合上述文献的基础上，结合本书的访谈结果，本研究将知识转移的测量题项精炼为5个，见表4-10。

表4-10　　　　　　　　　项目间知识转移测量题项

J1	一般而言，项目成员总能很容易地得到来自外部的知识
J2	项目与外部进行交流或合作时，满意度很高
J3	项目能从外部吸收大量的知识
J4	吸收知识后，很大一部分被应用于项目
J5	吸收知识后，项目成员在很大程度上减少了对知识源的依赖

4.2.3　因变量的测量

项目绩效是一个多维度概念，在本研究中，因变量项目绩效的测量分为任务绩效和创新绩效的测量。

关于任务绩效的测量，Park等[244]认为对于建筑施工项目而言，项目绩效是项目活动组合同工程要求标准之间的相符程度。本书在借鉴Pulako等[245]设计的企业部门绩效的量表，Janz等[246]、Lovelace等[247]、柯江林等[21]关于团队效能的量表等研究的基础上，从项目管理三个重要指标——进度、成本、质量，以及客户满意度几个方面来进行测量，见表4-11。

表4-11　　　　　　　　　项目任务绩效测量题项

K1	项目能在规定的时间内完成工作任务
K2	项目能在预算范围内完成工作任务
K3	项目完成的质量很高
K4	客户对项目的完成情况很满意

关于创新绩效的测量，并没有现成的量表。因此，本书在借鉴已有的组织创新、技术创新和管理创新等量表的基础上，结合实际情况设计项目创新绩效的量表。Lovelace 等[247]采用4个测量项目从产品的创新性、创意或点子的数量、总体技术绩效以及对变化的适应能力方面来测量创新品质。柯江林[235]借鉴 Lovelace 等的量表，用4个项目测量团队创新绩效。何芳蓉[59]用3个项目的量表测量新产品开发团队的技术绩效。韦影[60]在 Cooke 和 Clifton[248]研究的基础之上，结合我国企业技术创新的实际情况，设计了5个测量题项来测量技术创新指标。本书在以上研究的基础上，设计了4个题项来测量项目创新绩效，见表4-12。

表4-12　　　　　　　　　项目创新绩效测量题项

L1	项目的工作成果非常具有新颖性
L2	项目的工作成果技术含量很高
L3	项目适应新变化的能力很强
L4	项目成员通过项目收获很大

4.2.4　控制变量的测量

控制变量是没有进入正式的因果模型，但是可能会对因变量产生影响的因素，因此，有必要引入。本研究选取项目成员的年龄、职称、学历以及在项目团队中的角色等作为控制变量。

按照访谈结果，几个控制变量的测量为：年龄划分为4个区段，即30岁及以下、31~40岁、41~50岁和51岁及以上；职称按照初级、中级和高级3个层次划分；最高学历按照中专及以下、大专、本科、硕士研究生、博士研究生几个层次划分；在项目团队中的角色则按照研究的层次划分为组织层次的经理、项目经理和个人级别。

4.3　小样本数据的收集和分析

为保证正式问卷的信度和效度，在进行正式调查前需要小样本的前测，并依据小样本的分析结果，对测量的题项进行提纯和修正，从而形成正式的问卷。

4.3.1　小样本数据的收集和描述

本书小样本数据的收集是在 2011 年 11 月份进行的，调查对象来源于本人曾经实习过的工程咨询项目的同事和领导以及从事工程咨询项目的同学。此次调查共发放问卷 60 份，回收 59 份，问卷回收率为 98.3%。对所回收的问卷中有明显规律性和多处缺答的予以剔除，最终得到有效问卷 51 份，有效回收率为 85%。

在调查对象的性别上，其中男性为 40 人，占 79.8%，女性为 11 人，占 20.2%；年龄在 30 岁以下者有 30 人，31~40 岁者有 10 人，41~50 岁者有 7 人，51 岁以上者有 4 人；具有初级职称的有 28 人，中级职称的有 16 人，高级职称的有 7 人；学历方面，大专 1 人，本科 15 人，硕士研究生 25 人，博士研究生 10 人；公司级别经理有 4 人，项目经理有 11 人，项目组成员 36 人。

4.3.2　小样本数据的分析方法

在小样本的测试阶段，主要采用信度分析和探索性因子分析的方法来筛选变量的测量题项。

信度指的是测量结果的一致性（Consisitency）或稳定性（Stability），也就是研究者对于相同的或相似的现象（或群体）进行不同的测量（不同形式的或不同时间的），其所得的结果一致的程度。任何测量的观测值都包括实际值与误差值两部分，而信度越高则表示其误差值越小，这样所得的观测值就不会因为形势或时间的改变而变动，因此，具有相当的稳定性[249]。信度可分为外在信度和内在信度两大类。外在信度通常是指不同时间测量时量表的一致性的程度，最常使用的检验方法是再测信度。再测信度是检测同一受测者在不同时间的检测结果是否一致的检验，由于本书中的数据为横截面数据，因此不需要再进行再测信度的检验。内在信度是指每一个量表测量的是否为单一概念，以及组成量表的题项是否存在内部一致性及其一致性程度。常用的内在信度评价方法包括 Cronbach's α 系数、组合信度（Composite Reliability）、折半信度（Split-half Reliability）、库李信度以及 Hoyt 的变异系数等。在社会科学领域中采用 Likert 量表进行研究时，一般较多地使用 Cronbach's α 系数。该系数的优点在于：一方面，它可以处理多重记分的问题；另一方面，它是各种可能折半法所得系数的平均值。一般而言，如果 Cronbach's α 系数在 0.7 以上，则量表具有良好的信度要求，是可以接受的[250]。吴明隆[251] 在综合众多学者观点的基础上，提出了内部一致性指标的评判原则（见表4-13）。

表4-13　　　　　　　　内部一致性系数评判原则

α值	层面或构念	整个量表
α<0.5	不理想，舍弃不用	非常不理想，舍弃不用
0.5≤α<0.6	可以接受，增列题项或修改语句	不理想，重新编制或修订
0.6≤α<0.7	尚佳	勉强接受，最好增列题项或修改语句
0.7≤α<0.8	佳（信度高）	可以接受
0.8≤α<0.9	理想（甚佳，信度很高）	佳（信度高）
α≥0.9	非常理想（信度非常高）	非常理想（甚佳，信度很高）

资料来源：吴明隆[251]。

　　探索性因子分析是一项用来找出多元观测变量的本质结构并进行降维处理的技术。其基本思想是根据各变量之间的相关程度，对变量进行分组组合，使组内的变量彼此相关较强，组间的变量之间相关较弱。每一组变量代表了一个不可直接测量的潜在变量，即公共因子。探索性因子分析能够将具有错综复杂关系的变量综合为少数几个公共因子。探索性因子分析的目的是在量表的效度分析中，对量表的题项进行提纯处理，删除低负载和跨因子载荷（Cross Loading）的题项。在进行探索性因子分析前要根据取样适切性量数（Kaiser-Meyer-Olkin）和 Bartlett 球体检验（Bartlett's Test of Sphericity），来检查数据是否具有进行探索性因子分析的条件。一般认为，KMO 在 0.90 以上表示非常适合，0.8~0.9 表示很适合，0.7~0.8 表示适合，0.6~0.7 表示不太适合，0.5~0.6表示很勉强，0.5以下表示不适合，并且当巴特莱特球体检验的统计值的显著性概率小于等于显著性水平时，可以做因子分析[252]。按照吴明隆的观点，萃取后保留因素累计解释变异量若能够达到60%以上，表示萃取后保留因素相当理想，但是如果萃取后保留因素累计解释变异量达到50%，也可以勉强接受[251]。对于负载过低或者存在跨因子载荷的题项，一般遵循题项在一个维度中的因子载荷值要高于0.4，而在其他维度中的载荷不超过0.4，并尽可能保证每一维度不少于3个指标的原则[250]。

根据以上分析，本书对小样本数据进行分析的具体步骤为：

首先，利用Cronbach's α系数检测测量题项的信度，并利用纠正条款的总相关系数CITC（Corrected-Item Total Correlation）进行测量条款的净化，对于CITC值小于0.3，且删除该题项后会增加整体α系数的题项予以删除[253]。每次在测量条款净化后，都要重新计算α系数。

其次，对样本进行KMO值和巴特莱特球体检验，判断是否可以进行因子分析。本书采取KMO值至少大于0.6，且Bartlett球体检验显著的题项可以进行因子分析。

最后，对所有变量进行探索性因子分析。本书主要利用主成分方法，并采用最大方差法来进行分析，在因子个数的选择方面，采用特征值大于1的标准。再采取Nunnally的观点，题项所属的因子荷载量必须大于0.4，且越接近于1越好，而在其他维度中的载荷不超过0.4，越接近0越好，如果两个或两个以上因子的荷载大于0.5，则予以删除。

4.3.3 小样本数据的分析

（1）小样本信度分析

按照前文中介绍的方法对小样本的数据进行信度分析，分析结果如下：

①组织层面项目社会资本结构量表的信度分析

组织层面项目社会资本结构量表包含9个题项，该9个题项的信度分析如表4-14所示。

表4-14　　　组织层面项目社会资本结构量表的信度分析

题项	CITC	题项删除后的 α 系数	整体 α 系数
A11	0.170	0.782	
A12	0.390	0.744	
A13	0.349	0.751	
A21	0.576	0.715	
A22	0.513	0.725	0.759
A23	0.438	0.737	
A31	0.313	0.757	
A32	0.661	0.705	
A33	0.638	0.706	

从表4-14的分析结果可以看出，虽然整体 α 系数为0.759，大于0.7的临界值要求，但是A11的CITC值为0.170，小于临界值0.3，并且如果删除该项后，Cronbach's α 系数为0.782，大于整体 α 系数，因此将该项删除，并对剩余8项重新做信度分析，结果如表4-15所示。

表4-15　删除A11后组织层面项目社会资本结构量表的信度分析

题项	CITC	题项删除后的 α 系数	整体 α 系数
A12	0.304	0.785	
A13	0.406	0.773	
A21	0.579	0.743	
A22	0.539	0.750	
A23	0.512	0.754	0.782
A31	0.273	0.795	
A32	0.697	0.726	
A33	0.629	0.735	

从表4-15的分析结果可以看出，删除A11后的8个题项的整体α系数为0.782，但是A31的CITC值为0.273，小于临界值0.3，如果删除该项后，Cronbach's α系数为0.795，大于整体α系数，因此再将该项删除，并对剩余7项重新做信度分析，结果如表4-16所示。

表4-16 　　　删除A11、A31后组织层面项目社会资本

结构量表的信度分析

题项	CITC	题项删除后的α系数	整体α系数
A12	0.278	0.809	
A13	0.431	0.787	
A21	0.614	0.750	
A22	0.539	0.765	0.795
A23	0.545	0.764	
A32	0.661	0.744	
A33	0.622	0.749	

从表4-16的分析结果可以看出，删除A11、A31后的7个题项的整体α系数为0.795，但是A12的CITC值为0.278，小于临界值0.3，如果删除该项后，Cronbach's α系数为0.809，大于整体α系数，因此再将该项删除，并对剩余6项重新做信度分析，结果如表4-17所示。

表4-17 　　删除A11、A31、A12后组织层面项目社会

资本结构量表的信度分析

题项	CITC	题项删除后的α系数	整体α系数
A13	0.431	0.802	
A21	0.618	0.768	
A22	0.564	0.780	
A23	0.591	0.774	0.809
A32	0.654	0.762	
A33	0.576	0.777	

从表4-17的分析结果可以看出，整体α系数为0.809。删除A11、A31、A12后的6个题项的CITC值介于0.431~0.654之间，均符合大于0.3的临界值的要求，且删除每一个题项后的α系数在0.762~0.802之间，均小于整体α系数0.809，即删除题项后不会使整体α系数增大，因此删除A11、A31、A12后组织层面项目社会资本结构量表具有较好的内部一致性信度。

②组织层面项目社会资本关系量表的信度分析

组织层面项目社会资本关系量表包含7个题项，该7个题项的信度分析如表4-18所示。

表4-18 组织层面项目社会资本关系量表的信度分析

题项	CITC	题项删除后的α系数	整体α系数
B11	0.631	0.818	
B12	0.624	0.819	
B13	0.514	0.836	
B14	0.569	0.826	0.843
B21	0.563	0.827	
B22	0.595	0.824	
B23	0.732	0.800	

从表4-18的分析结果可以看出，组织层面项目社会资本关系量表的整体α系数为0.843，大于0.7的临界值，7个题项的CITC值介于0.514~0.732之间，均符合大于0.3的临界值的要求，且题项删除后的α系数均小于整体α系数，因此组织层面项目社会资本关系量表具有较好的内部一致性信度。

③组织层面项目社会资本认知量表的信度分析

组织层面项目社会资本认知量表包含3个题项，该3个题项的信度分析如表4-19所示。从分析结果可以看出，组织层面项目社会资本认知量表的整体α系数为0.776，大于0.7的临界值，3个题项的CITC值均大于0.5，符合大于0.3的临界值的要求，且题项删除后的α系数均小于整体α系数，因此组织层面项目社会资本认知量表具有较好的内部一致性信度。

表4-19　　　**组织层面项目社会资本认知量表的信度分析**

题项	CITC	题项删除后的α系数	整体α系数
C11	0.547	0.774	
C12	0.715	0.575	0.776
C13	0.611	0.712	

④项目层面项目社会资本结构量表的信度分析

项目层面项目社会资本结构量表包含9个题项，该9个题项的信度分析如表4-20所示。

表4-20　　　**项目层面项目社会资本结构量表的信度分析**

题项	CITC	题项删除后的α系数	整体α系数
D11	0.349	0.806	
D12	0.431	0.803	
D13	0.414	0.806	
D21	0.628	0.782	
D22	0.607	0.783	0.812
D23	0.571	0.786	
D31	0.644	0.777	
D32	0.495	0.795	
D33	0.512	0.793	

从表4-20的分析结果可以看出，项目层面项目社会资本结构量表的整体α系数为0.812，大于0.7的临界值，9个题项的CITC值最小的为0.349，均符合大于0.3的临界值的要求，且题项删除后的α系数均小于整体α系数，因此项目层面项目社会资本结构量表具有较好的内部一致

性信度。

⑤项目层面项目社会资本关系量表的信度分析

项目层面项目社会资本关系量表包含7个题项，该7个题项的信度分析如表4-21所示。

表4-21　　　　项目层面项目社会资本关系量表的信度分析

题项	CITC	题项删除后的α系数	整体α系数
E11	0.580	0.850	
E12	0.672	0.839	
E13	0.638	0.842	
E14	0.750	0.827	0.862
E21	0.705	0.833	
E22	0.463	0.868	
E23	0.649	0.841	

从表4-21的分析结果可以看出，项目层面项目社会资本关系量表的7个题项的CITC值均大于0.4，符合大于0.3的临界值的要求，整体α系数为0.862，大于0.7的临界值，而且题项删除后的α系数都小于整体α系数，因此项目层面项目社会资本关系量表具有较好的内部一致性信度。

⑥项目层面项目社会资本认知量表的信度分析

项目层面项目社会资本认知量表包含3个题项，该3个题项的信度分析如表4-22所示。

表4-22　　　　项目层面项目社会资本认知量表的信度分析

题项	CITC	题项删除后的α系数	整体α系数
F11	0.696	0.627	
F12	0.583	0.744	0.781
F13	0.585	0.742	

从表4-22的分析结果可以看出，项目层面项目社会资本认知量表

的整体 α 系数为 0.781，大于 0.7 的临界值，3 个题项的 CITC 值均大于 0.5，符合大于 0.3 的临界值的要求，且题项删除后的 α 系数都小于整体 α 系数，因此项目层面项目社会资本认知量表具有较好的内部一致性信度。

⑦个人层面项目社会资本结构量表的信度分析

个人层面项目社会资本结构量表包含 9 个题项，该 9 个题项的信度分析如表 4-23 所示。

表 4-23　　　个人层面项目社会资本结构量表的信度分析

题项	CITC	题项删除后的 α 系数	整体 α 系数
G11	0.479	0.858	
G12	0.315	0.854	
G13	0.619	0.843	
G21	0.754	0.829	
G22	0.679	0.837	0.861
G23	0.723	0.834	
G31	0.467	0.857	
G32	0.620	0.844	
G33	0.690	0.836	

从表 4-23 的分析结果可以看出，个人层面项目社会资本结构量表的整体 α 系数为 0.861，大于 0.7 的临界值，9 个题项的 CITC 值均大于 0.3，符合大于 0.3 的临界值的要求，且题项删除后的 α 系数没有大于整体 α 系数，因此个人层面项目社会资本结构量表具有较好的内部一致性信度。

⑧个人层面项目社会资本关系量表的信度分析

个人层面项目社会资本关系量表包含 7 个题项，该 7 个题项的信度分析如表 4-24 所示。

表4-24   个人层面项目社会资本关系量表的信度分析

题项	CITC	题项删除后的α系数	整体α系数
H11	0.582	0.847	
H12	0.743	0.822	
H13	0.620	0.839	
H14	0.655	0.834	0.858
H21	0.609	0.841	
H22	0.493	0.855	
H23	0.691	0.830	

从表4-24的分析结果可以看出，个人层面项目社会资本关系量表的整体α系数为0.858，大于0.7的临界值，7个题项的CITC值介于0.493~0.743之间，均符合大于0.3的临界值的要求，且题项删除后的α系数小于整体α系数，因此个人层面项目社会资本关系量表具有较好的内部一致性信度。

⑨个人层面项目社会资本认知量表的信度分析

个人层面项目社会资本认知量表包含3个题项，该3个题项的信度分析如表4-25所示。

表4-25   个人层面项目社会资本认知量表的信度分析

题项	CITC	题项删除后的α系数	整体α系数
I11	0.620	0.715	
I12	0.752	0.565	0.783
I13	0.514	0.714	

从表4-25的分析结果可以看出，个人层面项目社会资本认知量表的整体α系数为0.783，大于0.7的临界值，3个题项的CITC值均大于0.5，符合大于0.3的临界值的要求，且题项删除后的α系数小于整体α

系数，因此个人层面项目社会资本认知量表具有较好的内部一致性信度。

⑩项目间知识转移量表的信度分析

项目间知识转移量表包含5个题项，该5个题项的信度分析如表4-26所示。

表4-26　　　　　　　　项目间知识转移量表的信度分析

题项	CITC	题项删除后的α系数	整体α系数
J1	0.561	0.653	
J2	0.467	0.692	
J3	0.594	0.640	0.729
J4	0.606	0.645	
J5	0.264	0.769	

从表4-26的分析结果可以看出，5个题项中J5的CITC值为0.264，小于临界值0.3，如果删除该项后，Cronbach's α系数将上升为0.769，大于目前的整体α系数0.729，因此应该将该项删除，并对剩余4项重新做信度分析，分析结果如表4-27所示。

表4-27　　　　　删除J5后项目间知识转移量表的信度分析

题项	CITC	题项删除后的α系数	整体α系数
J1	0.635	0.678	
J2	0.470	0.766	
J3	0.615	0.690	0.769
J4	0.572	0.716	

从表4-27的分析结果可以看出，删除J5后项目间知识转移量表的整体α系数为0.769，大于0.7的临界值，4个题项的CITC值最小的为0.470，均符合大于0.3的临界值的要求，且题项删除后的α系数小于整体α系数，因此删除J5后的项目间知识转移量表具有较好的内部一致性

信度。

⑪项目任务绩效量表的信度分析

项目任务绩效量表包含4个题项，该4个题项的信度分析如表4-28所示。

表4-28　　　　　　　　　**项目任务绩效量表的信度分析**

题项	CITC	题项删除后的α系数	整体α系数
K1	0.655	0.753	
K2	0.602	0.780	
K3	0.617	0.772	0.812
K4	0.655	0.753	

从表4-28的分析结果可以看出，项目任务绩效量表的整体α系数为0.812，大于0.7的临界值，4个题项的CITC值均大于0.6，符合大于0.3的临界值的要求，且题项删除后的α系数没有超过整体α系数，因此项目任务绩效量表具有较好的内部一致性信度。

⑫项目创新绩效量表的信度分析

项目创新绩效量表包含4个题项，该4个题项的信度分析如表4-29所示。

表4-29　　　　　　　　　**项目创新绩效量表的信度分析**

题项	CITC	题项删除后的α系数	整体α系数
L1	0.674	0.654	
L2	0.656	0.663	
L3	0.620	0.685	0.768
L4	0.342	0.716	

从表4-29的分析结果可以看出，项目创新绩效的整体α系数为0.768，大于0.7的临界值，4个题项的CITC值均大于0.3，符合大于0.3的临界值的要求，且题项删除后的α系数小于整体α系数，因此项目创新绩效量表具有较好的内部一致性信度。

（2）小样本探索性因子分析

由于本书的自变量是由三个同样结构不同层次的概念组成的，因此，将自变量——项目社会资本按照组织层面、项目层面和个人层面分别进行探索性因子分析，而将其他变量一起检测。

①组织层面项目社会资本的探索性因子分析

进行探索性因子分析之前，首先要进行KMO值检验以及Bartlett球体检验，以此来判断探索性因子分析是否可以进行。组织层面项目社会资本量表的KMO值和Bartlett球体检验结果如表4-30所示。

表4-30　　　　　组织层面项目社会资本量表的KMO值和

Bartlett球体检验结果

KMO值		0.697
Bartlett球体检验	Approx. Chi-Square	422.675
	自由度	120
	显著性水平	0.000

由分析结果可以看出，组织层面项目社会资本量表的KMO值为0.697，大于0.6的临界值标准，且Bartlett球体检验显著，这说明组织层面项目社会资本量表符合探索性因子分析的基本条件，可以进行探索性因子分析。

下一步，利用主成分计算方法，将特征值大于1作为因子选择的标准，旋转方法采用Varimax旋转，得到如表4-31所示结果。

表4-31　　　　组织层面项目社会资本量表的解释总变异量

因子	初始特征值			平方和负载量提取			转轴平方和负载量提取		
	总数	方差的%	累积%	总数	方差的%	累积%	总数	方差的%	累积%
1	6.080	38.000	38.000	6.080	38.000	38.000	3.485	21.780	21.780
2	1.929	12.057	50.057	1.929	12.057	50.057	3.209	20.059	41.839
3	1.713	10.705	60.763	1.713	10.705	60.763	3.028	18.924	60.763
4	1.027	6.419	67.182						

续表

因子	初始特征值			平方和负载量提取			转轴平方和负载量提取		
	总数	方差的%	累积%	总数	方差的%	累积%	总数	方差的%	累积%
5	0.983	6.145	73.327						
6	0.746	4.665	77.992						
7	0.665	4.156	82.148						
8	0.569	3.554	85.702						
9	0.521	3.256	88.958						
10	0.418	2.616	91.574						
11	0.407	2.545	94.119						
12	0.318	1.988	96.107						
13	0.269	1.680	97.788						
14	0.151	0.947	98.734						
15	0.121	0.758	99.492						
16	0.081	0.508	100.000						

一般而言，提取后保留因素累计解释变异量若能够达到60%以上表示提取后保留因素相当理想，如果提取后保留因素累计解释变异量达到50%，也可以勉强接受[251]。从表4-31可以看出，提取的3个因子的累积解释变异量达到60.763%，超过了60%的界限，可以接受。

旋转后的因子矩阵如表4-32所示，可以看出同属一个变量的测量项目在对应的因子上，相对于其他因子而言，具有最大载荷（均超过0.5），而在其他因子上的荷载均小于0.5，因此目前的测量量表具有一定的区分效度。提取的3个因子分别为组织层面项目社会资本的结构维度、关系维度和认知维度。

表 4-32　　　　组织层面项目社会资本量表的旋转后的因子矩阵

序号　　　项目	因子		
	1	2	3
A13	0.592	−0.183	0.231
A21	0.674	0.335	0.038
A22	0.696	0.045	0.213
A23	0.803	−0.055	0.061
A32	0.658	0.326	0.126
A33	0.540	0.375	0.192
B11	0.080	0.228	0.797
B12	0.257	−0.007	0.811
B13	0.201	−0.074	0.742
B14	0.136	0.302	0.632
B21	0.265	0.344	0.604
B22	0.248	0.413	0.672
B23	0.195	0.330	0.642
C11	0.114	0.718	0.157
C12	0.076	0.838	0.153
C13	0.039	0.799	0.008

②项目层面项目社会资本的探索性因子分析

项目层面项目社会资本量表的 KMO 值和 Bartlett 球体检验结果如表 4-33 所示。

表4-33 项目层面项目社会资本量表的KMO值和Bartlett球体检验结果

KMO值		0.740
Bartlett球体检验	Approx. Chi-Square	576.087
	自由度	171
	显著性水平	0.000

由分析结果可以看出，项目层面项目社会资本量表的KMO值为 0.740，大于0.6的临界值标准，且Bartlett球体检验结果显著，这说明项目层面项目社会资本的量表可以进行探索性因子分析。

下一步，将特征值大于1作为因子选择标准，采用主成分计算方法，旋转方法选择Varimax旋转，得到如表4-34所示结果。

表4-34 项目层面项目社会资本量表的解释总变异量

因子	初始特征值			平方和负载量提取			转轴平方和负载量提取		
	总数	方差的%	累积%	总数	方差的%	累积%	总数	方差的%	累积%
1	7.753	40.804	40.804	7.753	40.804	40.804	4.362	22.960	22.960
2	2.219	11.679	52.483	2.219	11.679	52.483	4.348	22.887	45.846
3	1.385	7.290	59.773	1.385	7.290	59.773	2.646	13.926	59.773
4	1.183	6.225	65.998						
5	1.082	5.693	71.691						
6	0.882	4.642	76.333						
7	0.781	4.108	80.441						
8	0.634	3.339	83.780						
9	0.575	3.025	86.805						

续表

因子	初始特征值			平方和负载量提取			转轴平方和负载量提取		
	总数	方差的%	累积%	总数	方差的%	累积%	总数	方差的%	累积%
10	0.474	2.496	89.301						
11	0.426	2.240	91.540						
12	0.335	1.761	93.301						
13	0.313	1.645	94.946						
14	0.241	1.267	96.214						
15	0.224	1.179	97.393						
16	0.187	0.986	98.379						
17	0.148	0.780	99.159						
18	0.100	0.528	99.687						
19	0.059	0.313	100.000						

从表4-34可以看出，提取的3个因子的累积解释变异量为59.773%，虽然没有超过60%，但是大于50%，按照吴明隆的观点[251]，仍然可以接受。

旋转后的因子矩阵如表4-35所示，可以看出同属一个变量的测量项目在对应的因子上，相对于其他因子而言，具有最大载荷（均超过0.5），而在其他因子上的荷载均小于0.5，因此目前的测量量表具有一定的区分效度。提取的3个因子分别为项目层面项目社会资本的结构维度、关系维度和认知维度。

③个人层面项目社会资本的探索性因子分析

个人层面项目社会资本量表的KMO值和Bartlett球体检验结果如表4-36所示。

表4-35　项目层面项目社会资本量表的旋转后的因子矩阵

序号\项目	因子		
	1	2	3
D11	0.209	0.274	0.685
D12	0.089	0.285	0.637
D13	0.027	0.148	0.864
D21	0.388	0.210	0.598
D22	0.288	0.065	0.782
D23	0.244	0.300	0.651
D31	0.247	0.372	0.667
D32	0.155	−0.014	0.796
D33	0.174	−0.138	0.796
E11	0.375	0.605	0.302
E12	0.230	0.656	0.117
E13	0.037	0.796	0.016
E14	0.152	0.737	0.386
E21	0.308	0.730	0.228
E22	0.270	0.649	−0.236
E23	0.025	0.805	0.104
F11	0.622	0.465	0.162
F12	0.684	0.293	0.263
F13	0.667	0.106	0.184

表4-36　个人层面项目社会资本量表的KMO值和Bartlett球体检验结果

KMO值		0.777
Bartlett球体检验	Approx. Chi-Square	640.809
	自由度	171
	显著性水平	0.000

由表4-36的分析结果可以看出，个人层面项目社会资本量表的KMO值为0.777，大于0.6的临界值标准，且Bartlett球体检验结果显著，这说明个人层面项目社会资本量表可以进行探索性因子分析。

下一步，将特征值大于1作为因子选择标准，并利用主成分计算方法，选择Varimax旋转方法，得到如表4-37所示结果。

表4-37　　　　个人层面项目社会资本量表的解释总变异量

因子	初始特征值			平方和负载量提取			转轴平方和负载量提取		
	总数	方差的%	累积%	总数	方差的%	累积%	总数	方差的%	累积%
1	8.047	42.351	42.351	8.047	42.351	42.351	4.742	24.960	24.960
2	1.803	9.491	51.841	1.803	9.491	51.841	3.920	20.629	45.589
3	1.433	7.544	59.385	1.433	7.544	59.385	2.621	13.796	59.385
4	1.283	6.755	66.140						
5	1.211	6.373	72.513						
6	1.104	5.812	78.325						
7	0.838	4.410	82.734						
8	0.671	3.530	86.265						
9	0.547	2.878	89.143						
10	0.367	1.929	91.072						
11	0.335	1.762	92.834						
12	0.309	1.628	94.461						
13	0.269	1.416	95.878						
14	0.245	1.292	97.169						
15	0.143	0.753	97.922						
16	0.138	0.727	98.649						
17	0.107	0.563	99.212						
18	0.086	0.453	99.665						
19	0.064	0.335	100.000						

从表4-37可以看出，提取的3个因子的累积解释变异量为59.385%，虽然没有超过60%，但是大于50%，按照吴明隆的观点[251]，仍然可以接受。

旋转后的因子矩阵如表4-38所示，可以看出同属一个变量的测量项目在对应的因子上，相对于其他因子而言，具有最大载荷（均超过0.5），而在其他因子上的荷载均小于0.5，因此目前的测量量表具有一定的区分效度。提取的3个因子分别为个人层面项目社会资本的结构维度、关系维度和认知维度。

表4-38　　个人层面项目社会资本量表的旋转后的因子矩阵

项目 序号	因子		
	1	2	3
G11	0.009	0.317	0.578
G12	0.148	-0.033	0.600
G13	0.247	0.279	0.720
G21	0.278	0.150	0.678
G22	0.104	0.236	0.733
G23	0.457	0.166	0.615
G31	0.100	0.289	0.660
G32	0.282	0.198	0.731
G33	0.312	0.156	0.640
H11	0.641	0.265	0.254
H12	0.766	0.083	0.338
H13	0.620	0.110	0.221
H14	0.757	-0.020	0.350
H21	0.622	0.279	0.226
H22	0.645	0.327	-0.335
H23	0.643	0.243	-0.097
I11	0.305	0.674	0.042
I12	0.000	0.882	0.125
I13	0.357	0.695	0.245

④其他变量量表的探索性因子分析

其他变量量表的KMO值以及Bartlett球体检验的分析结果如表4-39所示。

表4-39　　　　其他变量量表的KMO值和Bartlett球体检验结果

KMO值		0.780
Bartlett球体检验	Approx. Chi-Square	299.871
	自由度	66
	显著性水平	0.000

由表4-39的分析结果可以看出，其他变量量表的KMO值为0.780，大于0.6的临界值标准，且Bartlett球体检验显著，说明其他变量量表可以进行探索性因子分析。

接下来，将特征值大于1作为因子的选择标准，利用主成分计算方法，选择Varimax旋转方法，得到如表4-40所示结果。

表4-40　　　　　　　　其他变量量表的解释总变异量

因子	初始特征值			平方和负载量提取		
	总数	方差的%	累积%	总数	方差的%	累积%
1	5.379	44.824	44.824	5.379	44.824	44.824
2	1.585	13.209	58.033	1.585	13.209	58.033
3	1.109	9.244	67.277	1.109	9.244	67.277
4	0.798	6.647	73.924			
5	0.709	5.912	79.836			
6	0.671	5.594	85.430			
7	0.474	3.952	89.382			
8	0.401	3.339	92.721			
9	0.314	2.617	95.338			
10	0.226	1.887	97.224			
11	0.194	1.621	98.845			
12	0.139	1.155	100.000			

从表4-40可以看出，其他变量共提取3个因子，累积解释变异量为67.277%，大于60%的临界值，可以接受。这几个题项归因为3个因子，分别是项目间的知识转移、项目的任务绩效和项目的创新绩效。

旋转后的因子矩阵如表4-41所示，可以看出同属一个变量的测量项目在对应的因子上，相对于其他因子而言，具有最大载荷（均超过0.5），而在其他因子上的荷载均小于0.5，因此目前的测量量表具有一定的区分效度。提取的3个因子分别是项目间知识转移、项目任务绩效和项目创新绩效。

表4-41 　　　　　　　　　　其他变量旋转后的因子矩阵

序号　　　　项目	因子		
	1	2	3
J1	0.217	0.853	−0.056
J2	0.270	0.571	0.065
J3	−0.117	0.775	0.324
J4	0.226	0.670	0.339
K1	−0.037	0.436	0.678
K2	0.090	0.306	0.695
K3	0.262	0.312	0.737
K4	0.410	0.392	0.626
L1	0.869	−0.111	0.203
L2	0.798	0.185	0.186
L3	0.591	0.208	0.454
L4	0.899	0.075	0.099

综合以上分析，通过对小样本数据的信度分析和探索性因子分析，删除了A11、A12、A31、J5四个题项，得到了最终用于正式调查的测量量表。

5 研究假设的检验与结果分析

本章将通过正式调研的数据对研究模型的各个假设进行检验。首先，对大样本的来源进行说明，并进行描述性统计分析；其次，对样本的信度与效度进行验证，并验证中介变量；再次，建立一阶变量结构方程，并对研究假设进行检验；最后，对二阶因子模型进行检验。

5.1 数据的收集与描述

5.1.1 数据来源

本书大样本数据的收集从 2011 年 12 月份至 2012 年 2 月份，历时 3 个月。调查对象为从事工程咨询项目的工作人员，通过自行发放和委托熟人间接发放相结合的方式，共发放问卷 300 份，回收 216 份，回收率为 72%，经过无效问卷的剔除后，得到最终有效问卷 186 份，有效回收率为 62%。

5.1.2　数据描述性分析

样本的分布情况如表5-1所示：在调查对象的性别上，男性138人，占74.19%；而女性只有48人，仅占25.81%，这是由于行业特征造成的，比较符合工程咨询行业的特点。在年龄的分布上，年龄在30岁以下者有36人，31~40岁者有87人，41~50岁者有45人，51岁以上者有18人，可见41岁以下者的调查对象占了总数的66.12%，这也比较符合工程咨询行业的特点，因为工程咨询行业的工作压力较大，要求思维活跃，一般年龄较轻。在职称方面，具有初级职称的有67人，占总数的36.02%；具有中级职称的有89人，占总数的47.85%；具有高级职称的有30人，占总数的16.13%。在学历的分布上，大专及以下12人，本科51人，硕士研究生97人，博士研究生26人，可见硕士研究生的比例最高，占到52.15%，超过了半数，这是因为从事咨询行业的门槛较高，一般对于学历的要求也较高。在职位的分布上，公司级别经理有15人，占总数的8.06%；项目级别经理有46人，占总数的24.73%；项目组成员有125人，占总数的67.20%。从样本的分布情况来看，总体上符合实际情况，满足研究的需要。

表5-1　　　　　　　　　样本描述性统计分析

题目	变项	数量	百分比
性别	男	138	74.19%
	女	48	25.81%
年龄	<30岁	36	19.35%
	31~40岁	87	46.77%
	41~50岁	45	24.19%
	>51岁	18	9.68%
职称	初级职称	67	36.02%
	中级职称	89	47.85%

续表

题目	变项	数量	百分比
职称	高级职称	30	16.13%
学历	大专及以下	12	6.45%
	本科	51	27.42%
	硕士研究生	97	52.15%
	博士研究生	26	13.98%
职位	公司级别经理	15	8.06%
	项目级别经理	46	24.73%
	项目组成员	125	67.20%

5.2 分析方法及操作软件

5.2.1 分析方法

本研究模型属于多变量数据模型，针对这种情况，本书采用结构方程模型来进行检验和分析。结构方程模型（Structural Equation Modeling，SEM）是一种适用于处理复杂的多变量数据的探究与分析的统计方法，用所收集的数据来验证基于理论所建立的假设模型。相对于只能处理一个因变量和几个自变量之间关系的传统的多元回归方法，结构方程模型在处理变量间的复杂关系时具有极大的优势。同时，在社会科学领域，许多变量是不能够直接观测的，因此需要量表来间接地测量这些潜变量，结构方程模型可以同时分析这些潜变量及其观察变量之间的复杂关系，并准确地估计出测量误差的大小，进而提高模型测量的准确度。

结构方程模型主要有以下两种估计技术：一种是协方差结构分析方法，该方法是基于最大似然估计的；另一种是基于偏最小二乘法的方差分析方法。前一种以 LISREL 方法为代表，后一种即 PLS 方法[254]。在实际运用中，"PLS 路径模型"和"PLS 回归"属于两种方法，PLS 方法实际上是结合了这两种方法。PLS 回归分析是一种新型的多元统计数据分析方法，是由伍德（S.Wold）和阿巴诺（C.Albano）等人于 1983 年首次提出的，它主要用于多因变量对多自变量的回归建模。相对于传统的多元线性回归模型，PLS 方法集中了主成分分析、相关分析和多元线性回归分析等方法的特点，其建立的模型比传统的经典回归分析方法（OLS）有更好的效果。而 PLS 路径模型的基础是最小二乘回归法，是一种结合主成分分析、多元回归、路径分析以及潜变量理论的多变量、多方程的建模方法，它通过迭代的方法对模型参数进行估计，一般用于检验观测变量和潜变量、潜变量和潜变量之间的关系，是一种多元先验模型。本书中的 PLS 方法即是指 PLS 路径模型。

相对于极大似然估计法，PLS 方法具有诸多优点：（1）能克服多变量共线性的问题；（2）强健地处理干扰数据及遗失值；（3）明确地求出潜变量估计值；（4）可以同时处理反应性指标（Reflective Indicator）和形成性指标（Formative Indicator）；（5）适用于小样本；（6）不受样本数据的分布限制[255]。由于本研究样本不多，且排除数据的分布要求，因此，本书采用 PLS 方法来建立结构方程并验证研究假设。

5.2.2　操作软件

基于 PLS 算法开发的软件，一般比较常用的有 LVPLS、PLS-Graph、Visual-PLS 和 SmartPLS[256] 等。本书采用 SmartPLS 作为操作软件，SmartPLS 是由德国汉堡大学的一个研究团队开发出来的，是一款免费软件，该软件的特点是界面友好、功能强大、分析结果全面。

5.3　信度与效度检验

通过上一章中的数据分析，对本研究的小样本数据进行了信度与效度的检验。其中，信度采用 Cronbach's α 系数来衡量，效度则采用探索性因子来进行检验。在正式调查的数据中，信度与效度的检验，将分别采用组合信度（Composite Reliability，CR）和 Cronbach's α 系数来衡量信度，用因子负载、AVE 值等指标来检验效度。

5.3.1 检验方法及标准

信度是用来检验所用量表在测量相关潜变量时是否具有稳定性和一致性的评价方法。对于正式调查数据的信度检验，一般采用的评价方法是评价量表的内部一致性。内部一致性主要采用组合信度来衡量，根据 Chin 等[257]的看法，组合信度的门槛值应在 0.7 以上，超过此标准，则表示该因子达到内部一致性的要求。对于 Likert 量表而言，在社会科学的研究领域中 Cronbach's α 系数使用得也较多。因此，本书采用 CR 和 Cronbach's α 系数两个指标来衡量内部一致性。

验证性因子分析主要用来进行量表的收敛效度和判别效度的检验。收敛效度是指测量同一个潜变量的所有观测项应该是高度相关的，也被称为会聚效度或求同效度。收敛效度表明各指标与其对应因子的相关度，一般用观测项的标准化负荷系数和平均方差提取量（Average Variance Extracted，AVE）来检验。一般要求观测项的标准化负荷系数大于 0.7[258]，平均方差提取量也应大于 0.5[259]。判别效度是指测量不同潜变量的测量题项间的相关度应该很低，也被称为区分效度或求异效度。判别效度是通过比较各因子 AVE 值平方根与因子相关系数来进行的，AVE 的平方根大于其他因子的相关系数，则说明该因子具有良好的判别效度[260]。

5.3.2 检验结果

（1）信度分析

从表 5-2 可以看出，各个因子的 Cronbach's α 系数介于 0.7621 和 0.8826 之间，均大于门槛值 0.7；在组合信度方面，CR 的值介于 0.7168 和 0.9069 之间，均大于门槛值 0.7，说明量表具有良好的内部一致性，满足信度要求。

表 5-2 组合信度和 Cronbach's α 值

代码	因子名称	题项数目	Composite Reliability	Cronbach's α
A	组织层面项目社会资本结构维度	6	0.7712	0.7621
B	组织层面项目社会资本关系维度	7	0.8323	0.8001
C	组织层面项目社会资本认知维度	3	0.7848	0.7968
D	项目层面项目社会资本结构维度	9	0.7168	0.7801
E	项目层面项目社会资本关系维度	7	0.8736	0.8512
F	项目层面项目社会资本认知维度	3	0.8886	0.8407
G	个人层面项目社会资本结构维度	9	0.9009	0.8793
H	个人层面项目社会资本关系维度	7	0.9069	0.8826
I	个人层面项目社会资本认知维度	3	0.8089	0.7970
J	项目间知识转移	4	0.8648	0.7925
K	项目任务绩效	4	0.8856	0.8286
L	项目创新绩效	4	0.7572	0.7975

（2）效度分析

表 5-3 和表 5-4 对研究量表的题项进行了因子负载的分析，由结果可见，本研究中题项的因子负载最小的为 B11→B，为 0.7103，也在 0.7 以上，总体效度情况良好。

表 5-3   因子负载 1

项目\序号	A	B	C	D	E	F
A13	0.7415					
A21	0.7463					
A22	0.8587					
A23	0.7893					
A32	0.7650					
A33	0.7461					
B11		0.7103				
B12		0.8051				
B13		0.7943				
B14		0.7521				
B21		0.7480				
B22		0.7512				
B23		0.7110				
C11			0.8653			
C12			0.8461			
C13			0.7747			
D11				0.7590		
D12				0.8379		
D13				0.8539		
D21				0.7468		
D22				0.7818		
D23				0.7361		
D31				0.7953		

续表

序号＼项目	A	B	C	D	E	F
D32				0.7293		
D33				0.8798		
E11					0.7862	
E12					0.8572	
E13					0.7791	
E14					0.8968	
E21					0.8211	
E22					0.7773	
E23					0.7230	
F11						0.9240
F12						0.9065
F13						0.7155

表5-4　　　　　　　　　　因子负载2

序号＼项目	G	H	I	J	K	L
G11	0.7205					
G12	0.7345					
G13	0.7716					
G21	0.8364					
G22	0.7852					
G23	0.7544					
G31	0.7756					
G32	0.7907					

序号 \ 项目	G	H	I	J	K	L
G33	0.7957					
H11		0.7518				
H12		0.8177				
H13		0.7491				
H14		0.8808				
H21		0.8559				
H22		0.7275				
H23		0.7254				
I11			0.7180			
I12			0.7702			
I13			0.9777			
J1				0.8033		
J2				0.7599		
J3				0.7869		
J4				0.7871		
K1					0.8148	
K2					0.7743	
K3					0.8289	
K4					0.8291	
L1						0.7667
L2						0.7968
L3						0.7812
L4						0.7622

由表 5-5 的分析结果可知，AVE 的数值介于 0.5047 和 0.7291 之间，均在门槛值 0.5 以上。综合因子负载和组合效度的分析结果可知，用于正式调查研究的量表具有良好的收敛效度，可以满足研究的需要。

表 5-5   AVE 值

代码	因子名称	题项数目	AVE
A	组织层面项目社会资本结构维度	6	0.5778
B	组织层面项目社会资本关系维度	7	0.5243
C	组织层面项目社会资本认知维度	3	0.5633
D	项目层面项目社会资本结构维度	9	0.5203
E	项目层面项目社会资本关系维度	7	0.5158
F	项目层面项目社会资本认知维度	3	0.7291
G	个人层面项目社会资本结构维度	9	0.5047
H	个人层面项目社会资本关系维度	7	0.5868
I	个人层面项目社会资本认知维度	3	0.5957
J	项目间知识转移	4	0.6154
K	项目任务绩效	4	0.6595
L	项目创新绩效	4	0.5552

判别效度分析结果如表 5-6 所示，对角线上的数据为 AVE 的平方根，其余数值为因子间的相关系数，可以看出，AVE 的平方根均大于该因子和其他因子的相关系数，这表明量表的不同因子之间具有较好的区分效度。

综合以上分析可知，本研究的大样本数据具有良好的信度和效度，可以进行以下的分析。

表5-6

AVE 的平方根和相关系数

代码	A	B	C	D	E	F	G	H	I	J	K	L
A	0.7601											
B	0.4381	0.7241										
C	0.2442	0.2642	0.7505									
D	0.3499	0.4967	0.2239	0.7213								
E	0.2911	0.6491	0.3213	0.5411	0.7182							
F	0.0495	0.3887	0.2632	0.3893	0.5623	0.8539						
G	-0.1019	0.1656	0.1632	0.3333	0.1545	0.1871	0.7104					
H	-0.0818	0.4350	0.1452	0.4069	0.5623	0.2638	0.6342	0.7660				
I	0.0593	0.2516	0.3239	0.3587	0.5337	0.4563	0.5263	0.6020	0.7718			
J	0.2964	0.4979	0.1468	0.5467	0.5702	0.2661	0.3831	0.5625	0.4500	0.7845		
K	0.3182	0.4573	0.0955	0.3911	0.4726	0.2111	-0.0208	0.3420	0.2289	0.6528	0.8121	
L	0.1865	0.3539	0.2555	0.2143	0.2753	-0.0411	0.0689	0.2495	0.0931	0.3692	0.6150	0.7451

5.4　调查方法的偏差分析

对于调查问卷可能产生的偏差分析，采用了以下方法：

（1）通过保证保密性而提高数据质量。本研究中的问卷进行了"匿名""为您严格保密""仅用于学术研究"等词的提示，尽可能地排除调研对象的猜疑，保证数据质量。

（2）在设计问卷时就将自变量、中介变量与因变量的题项分开，避免被测者将问题联系在一起。

（3）对于可能产生的同源误差，本书采取Podsakoff等人[261]的研究方法，将问卷中的所有条目放在一起做一次因子分析，不进行旋转的第一个主成分就是CMV（同源误差）的量，如果这个量不是占大多数，那么同源误差的情况就不足以影响到研究结论。按照上述方法用SPSS进行操作后发现，第一个主成分占比是20.439%（表格略），不占大多数，即同源误差的情况基本不会影响本研究的结论。

5.5　基于PLS的结构模型检验

结构方程的分析由测量模型和结构模型构成，测量模型考察的是潜在变量与观察变量之间的关系，结构模型则考察潜在变量之间的关系。通过上文的信度和效度分析，可以看出结构方程的测量模型已经通过检验，下面进行结构模型的验证。基于PLS的结构模型验证主要是对结构模型的解释力与预测能力进行估算与验证，在模型解释力的部分主要是检验模型的路径系数（Path Coefficients）是否显著，而在模型的预测能力上则是以R^2来判定其相关性。

5.5.1　路径分析和假设检验

本书按照假设模型构建结构方程后，采用SmartPLS 2.0进行路径分析，具体步骤和参数设定如下：

（1）运行PLS算法（PLS Algorithm）；

（2）选择使用标准化后的数据（Mean=1，Variance=0）；

（3）选用路径权重法（Path Weighting Scheme）进行内部估计；

（4）采用Bootstrapping方法对模型的估计结果进行检验和评价。

Bootstrapping再抽样方法在PLS路径建模中是一种常用的检验方法，它的原理是通过对初始样本进行反复随机再抽样，每次抽样都放回元数据，对每一组再抽样样本进行相同的模型估计，将得到的多组参数估计值来构造t统计量，以此来检验PLS路径模型中的重要参数。Bootstrapping检验的原假设认为被检验的某项系数的数值为0，如果拒绝原假设则认为该系数显著不为0，如果不能拒绝原假设则该系数对应的变量在模型中未能通过显著性检验，需要考虑对它进行调整[262]。本书利用SmartPLS 2.0软件对模型进行Bootstrapping检验。在Bootstrapping的选项中，将每一组再抽样的样本数设定为与初始样本的样本数相等，选取的再抽样的次数为200次。

本书的路径分析结果如表5-7所示。

表5-7 路径系数表

项目 \ 系数	路径系数	t值	对应假设	结果
组织层面项目社会资本结构维度→项目间知识转移	0.2689	2.8448	H1	支持
组织层面项目社会资本关系维度→项目间知识转移	0.2146	1.9753	H4	支持
组织层面项目社会资本认知维度→项目间知识转移	0.1174	0.8102	H7	不支持
项目层面项目社会资本结构维度→项目间知识转移	0.2224	2.3655	H2	支持
项目层面项目社会资本关系维度→项目间知识转移	0.2423	2.2326	H5	支持

项目 \ 系数	路径系数	t值	对应假设	结果
项目层面项目社会资本认知维度→项目间知识转移	0.1238	2.7942	H8	支持
个人层面项目社会资本结构维度→项目间知识转移	0.1707	1.9861	H3	支持
个人层面项目社会资本关系维度→项目间知识转移	0.1942	2.2438	H6	支持
个人层面项目社会资本认知维度→项目间知识转移	0.2961	2.6549	H9	支持
项目间知识转移→项目任务绩效	0.6528	8.2382	H13	支持
项目间知识转移→项目创新绩效	0.3692	3.5606	H14	支持

注：t值与p值关系为：$|t| > 1.96$，$p < 0.05$；$|t| > 2.58$，$p < 0.01$；$|t| > 3.31$，$p < 0.001$。

具体路径系数图如图5-1所示。

由以上结果可以看出，除了组织层面项目社会资本的认知维度对项目间知识转移的影响不显著以外（路径系数为0.1174，t值为0.8102，不满足$|t| > 1.96$的标准，$p > 0.05$），其他的路径均为显著。其中，项目间知识转移对项目任务绩效和对项目创新绩效的影响效果非常显著（$|t| > 3.31$，$p < 0.001$）；组织层面项目社会资本的结构维度对项目间知识转移（路径系数为0.2689，t值为2.8448）、项目层面项目社会资本的结构维度对项目间知识转移（路径系数为0.2224，t值为2.3655）、项目层面项目社会资本的认知维度对项目间知识转移（路径系数为0.1238，t值为2.7942）、个人层面项目社会资本的认知维度对项目间知识转移（路径系数为0.2961，t值为2.6549）的影响在$p < 0.01$上效果显著；组织层面项目社会资本的关系维度对项目间知识转移（路径系数为

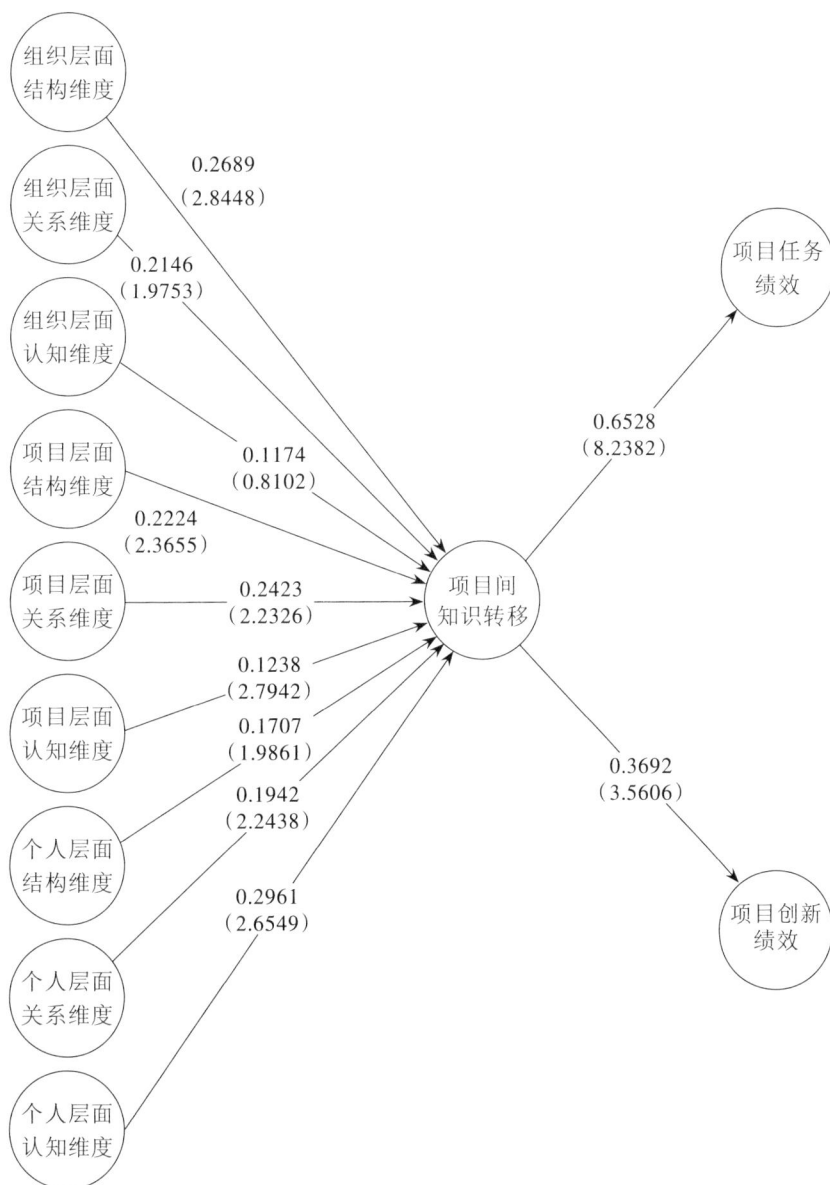

图 5-1　路径系数图

0.2146，t 值为 1.9753）、项目层面项目社会资本的关系维度对项目间知
识转移（路径系数为 0.2423，t 值为 2.2326）、个人层面项目社会资本的
结构维度对项目间知识转移（路径系数为 0.1707，t 值为 1.9861）、个人
层面项目社会资本的关系维度对项目间知识转移（路径系数为 0.1942，

t值为2.2438）的影响在 p < 0.05 上效果显著。

对于前文提出的研究假设，除 H3 没有通过检验以外，H1、H2、H4、H5、H6、H7、H8、H9、H10、H13、H14 等假设通过检验。

5.5.2　模型的预测能力

对于结构模型的预测能力用 R^2 来衡量，经过 PLS 算法运行后，得出项目间知识转移、项目任务绩效、项目创新绩效的 R^2 值分别为 0.5194、0.5261、0.4363（表格略），这表示三个层面项目社会资本的结构维度、关系维度、认知维度对项目间知识转移的解释力度达到 51.94%，项目间知识转移对项目任务绩效的解释力度达到 52.61%，项目间知识转移对项目创新绩效的解释力度达到 43.63%，表明结构模型具有较强的解释力。

5.6　中介变量的验证

对于中介变量的定义，按照温忠麟等人的观点[263]，考虑自变量对因变量的影响，如果自变量通过影响某一其他变量来影响因变量，则称这一其他变量为中介变量。一般可以采取三种方法进行中介变量的验证：第一种是三步回归方程法，首先，自变量对因变量进行回归，如果系数 c 显著，继续检验，如果不显著，则放弃；其次，中介变量对自变量进行回归，如果系数 a 显著，继续检验，如果不显著，则放弃；最后将自变量和中介变量同时纳入方程进行检验，如果 c'显著，但小于 c，则中介变量具有部分中介作用，如果 c'不显著，则中介变量具有完全中介作用（温忠麟等，2004）。第二种是采用相关和偏相关分析，具体过程可以分为四步：①自变量与中介变量相关；②自变量与因变量相关；③中介变量与因变量相关；④当考虑到中介变量的作用时，自变量对因变量的影响减弱或直到没有[241, 264]。第三种是采用结构方程，比较直接模型、假设模型与饱和模型中各变量之间的标准化路径系数[207][136]。可以看出，三者的原理在本质上是相似的。

对于有潜变量的模型，采用结构方程模型的检验将会更加直观，因此，本书采用第三种方式，即结构方程模型来进行知识转移作为项目社会资本各维度与项目绩效之间的中介变量的检验。具体检验步骤为：①自变量与中介变量的路径系数；②自变量与因变量的路径系数；③中介变量与因变量的路径系数；④当考虑到中介变量的作用时，自变量对因变量的路径系数变化。

（1）自变量与中介变量的路径系数

考察自变量与中介变量的路径系数，而不考虑其他因素的影响，是为了对中介变量的合理性进行分析，具体结果如下：

从表5-8的内容可以看出，除组织层面项目社会资本认知维度对项目间知识转移的路径系数不显著以外（t值为1.0269），自变量项目社会资本对中介变量项目间知识转移具有显著的影响，其中组织层面项目社会资本结构维度对项目间知识转移、个人层面项目社会资本认知维度对项目间知识转移都在 $p < 0.01$ 上显著（t值分别为2.8079和2.6987）。

表5-8 自变量与中介变量的路径系数

路径关系	路径系数	t值
组织层面项目社会资本结构维度→项目间知识转移	0.2613**	2.8079
组织层面项目社会资本关系维度→项目间知识转移	0.2147*	1.9854
组织层面项目社会资本认知维度→项目间知识转移	0.1174	1.0269
项目层面项目社会资本结构维度→项目间知识转移	0.2224*	2.4656
项目层面项目社会资本关系维度→项目间知识转移	0.2511*	2.1759
项目层面项目社会资本认知维度→项目间知识转移	0.1238*	2.5753
个人层面项目社会资本结构维度→项目间知识转移	0.1797*	2.202
个人层面项目社会资本关系维度→项目间知识转移	0.2042*	2.2799
个人层面项目社会资本认知维度→项目间知识转移	0.2851**	2.6987

注：***表示 $p < 0.001$，**表示 $p < 0.01$，*表示 $p < 0.05$；t值与p值关系为：$|t| > 1.96$，$p < 0.05$；$|t| > 2.58$，$p < 0.01$；$|t| > 3.31$，$p < 0.001$。

（2）自变量与因变量的路径系数

同上文，考察自变量与中介变量的路径系数，对于自变量与因变量的考察也是为了考察中介变量存在的合理性，具体结果如表5-9所示。

表5-9 自变量与因变量的路径系数

路径关系	路径系数	t值
组织层面项目社会资本结构维度→项目任务绩效	0.238*	2.5378
组织层面项目社会资本结构维度→项目创新绩效	0.2565*	2.1581
组织层面项目社会资本关系维度→项目任务绩效	0.2368*	2.3344
组织层面项目社会资本关系维度→项目创新绩效	0.218*	2.4498
组织层面项目社会资本认知维度→项目任务绩效	0.3062**	3.2368
组织层面项目社会资本认知维度→项目创新绩效	0.2411**	2.9573
项目层面项目社会资本结构维度→项目任务绩效	0.4104**	2.9185
项目层面项目社会资本结构维度→项目创新绩效	0.2037**	3.0234
项目层面项目社会资本关系维度→项目任务绩效	0.2179**	2.8363
项目层面项目社会资本关系维度→项目创新绩效	0.291**	2.7871
项目层面项目社会资本认知维度→项目任务绩效	0.3082***	3.469
项目层面项目社会资本认知维度→项目创新绩效	0.2064*	2.3627
个人层面项目社会资本结构维度→项目任务绩效	0.1648*	2.3145
个人层面项目社会资本结构维度→项目创新绩效	0.2391***	3.7926
个人层面项目社会资本关系维度→项目任务绩效	0.2349*	2.1881
个人层面项目社会资本关系维度→项目创新绩效	0.1314**	3.0746
个人层面项目社会资本认知维度→项目任务绩效	0.2463*	2.4847
个人层面项目社会资本认知维度→项目创新绩效	0.2749*	3.2739

注：*** 表示 $p < 0.001$，** 表示 $p < 0.01$，* 表示 $p < 0.05$；t值与p值关系为：｜t｜> 1.96，$p < 0.05$；｜t｜> 2.58，$p < 0.01$；｜t｜> 3.31，$p < 0.001$。

由表5-9的路径系数可以看出，自变量对因变量具有显著的影响作用，t值均大于1.96，所有路径显著。其中，项目层面项目社会资本认知维度对项目任务绩效与个人层面项目社会资本结构维度对项目创新绩效的影响在p < 0.001上显著（t值分别为3.469和3.7926）。

（3）中介变量与因变量的路径系数

中介变量与因变量的路径系数如表5-10所示，中间变量项目间知识转移对因变量项目任务绩效和项目创新绩效的路径系数均在p < 0.001上显著，t值分别为10.9445和4.2068，说明中介变量对因变量存在显著的影响作用。

表5-10   中介变量与因变量的路径系数

系数 / 项目	路径系数	t值
项目间知识转移→项目任务绩效	0.6761***	10.9445
项目间知识转移→项目创新绩效	0.4115***	4.2068

注：***表示 p < 0.001，**表示 p < 0.01，*表示 p < 0.05；t值与p值关系为：| t | > 1.96，p < 0.05；| t | > 2.58，p < 0.01；| t | > 3.31，p < 0.001.

（4）加入中介变量后自变量对因变量的路径系数变化

本部分将加入中介变量，将自变量对因变量的路径系数与前文中自变量对因变量的直接作用作一比较，考察中介变量加入后的路径系数变化。分析结果如表5-11所示。

表5-11   加入中介变量后的自变量与因变量的路径系数

路径关系	路径系数	t值
组织层面项目社会资本结构维度→项目任务绩效	0.1096	1.7516
组织层面项目社会资本结构维度→项目创新绩效	0.0647	1.5791
组织层面项目社会资本关系维度→项目任务绩效	0.0758	0.7111
组织层面项目社会资本关系维度→项目创新绩效	0.045	0.6243

续表

路径关系	路径系数	t值
组织层面项目社会资本认知维度→项目任务绩效	0.0673	0.9328
组织层面项目社会资本认知维度→项目创新绩效	0.0395	0.8636
项目层面项目社会资本结构维度→项目任务绩效	0.0982	1.6229
项目层面项目社会资本结构维度→项目创新绩效	0.0591	1.4926
项目层面项目社会资本关系维度→项目任务绩效	0.1582	1.8344
项目层面项目社会资本关系维度→项目创新绩效	0.0924	1.6027
项目层面项目社会资本认知维度→项目任务绩效	0.0236	0.7331
项目层面项目社会资本认知维度→项目创新绩效	0.0138	0.6753
个人层面项目社会资本结构维度→项目任务绩效	0.115	1.1309
个人层面项目社会资本结构维度→项目创新绩效	0.0691	0.9449
个人层面项目社会资本关系维度→项目任务绩效	0.1146	1.4623
个人层面项目社会资本关系维度→项目创新绩效	0.0686	1.3425
个人层面项目社会资本认知维度→项目任务绩效	0.0666	0.6646
个人层面项目社会资本认知维度→项目创新绩效	0.0379	0.6477

注：***表示 $p < 0.001$，**表示 $p < 0.01$，*表示 $p < 0.05$；t值与p值关系为：$|t| > 1.96$，$p < 0.05$；$|t| > 2.58$，$p < 0.01$；$|t| > 3.31$，$p < 0.001$。

从表5-11的分析结果来看，加入中介变量后，自变量对因变量的影响变得不再显著。为了清晰地进行对比，将中介变量加入前后的自变量与因变量之间的路径系数纳入同一表格内，如表5-12所示。可以看出，加入中介变量后，自变量对因变量的影响变得不再显著。综合以上分析可以判断出，项目间知识转移在三个层次项目社会资本与项目绩效之间具有完全中介作用，本书提出将项目间知识转移作为中介变量的理论模型得到验证。

表5-12　　中介变量加入前后自变量与因变量之间的路径系数

自变量 因变量	中介变量加入前		中介变量加入后	
	任务绩效	创新绩效	任务绩效	创新绩效
组织层面项目社会资本结构维度	0.238*	0.2565*	0.1096	0.0647
组织层面项目社会资本关系维度	0.2368*	0.218*	0.0758	0.045
组织层面项目社会资本认知维度	0.3062**	0.2411**	0.0673	0.0395
项目层面项目社会资本结构维度	0.4104**	0.2037**	0.0982	0.0591
项目层面项目社会资本关系维度	0.2179**	0.291**	0.1582	0.0924
项目层面项目社会资本认知维度	0.3082***	0.2064*	0.0236	0.0138
个人层面项目社会资本结构维度	0.1648*	0.2391***	0.115	0.0691
个人层面项目社会资本关系维度	0.2349*	0.1314**	0.1146	0.0686
个人层面项目社会资本认知维度	0.2463*	0.2749*	0.0666	0.0379

注：***表示 $p < 0.001$，**表示 $p < 0.01$，*表示 $p < 0.05$。

5.7　二阶因子模型的检验

上面的分析主要是针对组织层面、项目层面、个人层面项目社会资本各维度与项目间知识转移，项目间知识转移与项目的任务绩效和创新绩效之间假设的验证。本书在前面的假设中，提到三个层面的社会资本对项目间知识转移及项目绩效的影响，即组织层面项目社会资本对知识转移的影响、项目层面项目社会资本对知识转移的影响、个人层面项目社会资本对知识转移的影响，以及在该模型下知识转移对项目任务绩效和创新绩效的影响，即本书需要对假设模型的二阶因子进行验证。由于对整体数据已经进行过分析，下面的内容仅是针对二阶因子建立的模型进行验证分析和假设检验。

5.7.1 二阶因子模型的建立

按照前文的理论分析，本书将项目社会资本分为组织层面、项目层面、个人层面三个层次，即本书的二阶因子，因此，本书采用SmartPLS 2.0软件对二阶因子进行构建，如图5-2、图5-3和图5-4所示。

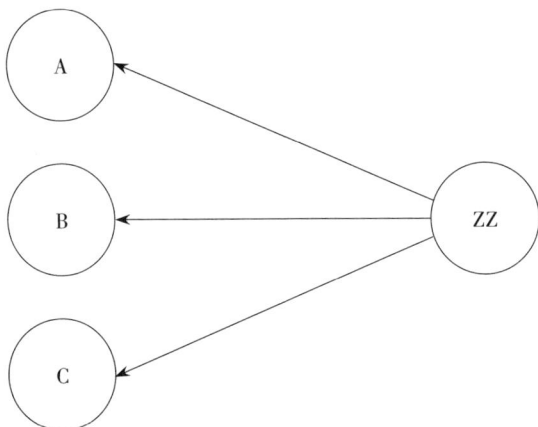

注：A代表组织层面结构维度，B代表组织层面关系维度，C代表组织层面认知维度，ZZ代表组织层面项目社会资本。

图5-2　组织层面项目社会资本二阶因子模型的建立

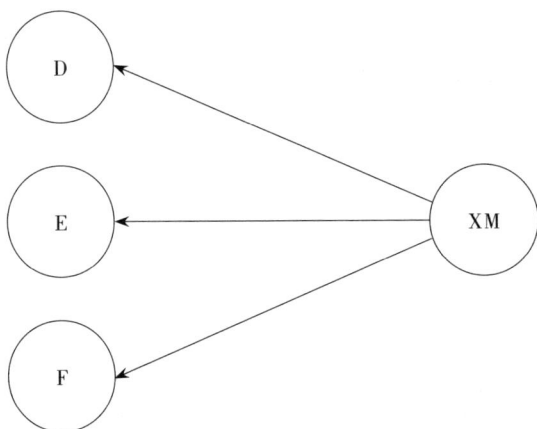

注：D代表项目层面结构维度，E代表项目层面关系维度，F代表项目层面认知维度，XM代表项目层面项目社会资本。

图5-3　项目层面项目社会资本二阶因子模型的建立

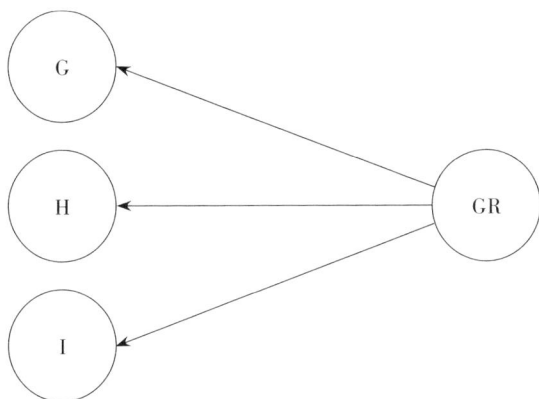

注：G代表个人层面结构维度，H代表个人层面关系维度，I代表个人层面认知维度，GR代表个人层面项目社会资本。

图5-4　个人层面项目社会资本二阶因子模型的建立

以上从三个层面分别建立了二阶因子的检测模型，在此基础上，本书的二阶因子整体模型如下所示：二阶因子为组织层面项目社会资本、项目层面项目社会资本和个人层面项目社会资本，分别通过项目知识转移的中介作用进而对项目的任务绩效和创新绩效产生影响，即本书的假设H10：组织层面项目社会资本对项目间的知识转移具有正向作用；H11：项目层面项目社会资本对项目间的知识转移具有正向作用；H12：个人层面项目社会资本对项目间知识转移具有正向作用；H13：知识转移对项目任务绩效具有正向作用；H14：知识转移对项目任务绩效具有正向作用（如图5-5所示）。

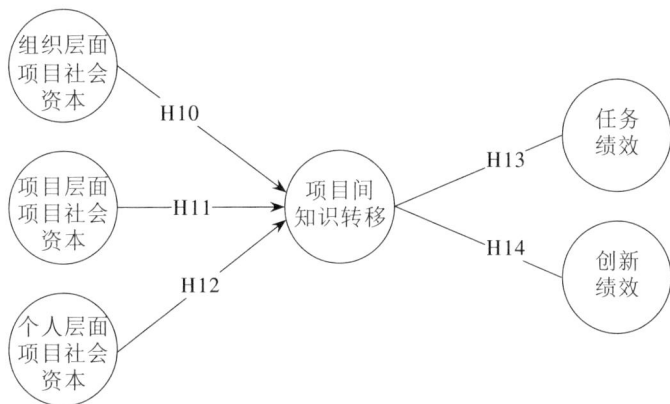

图5-5　二阶因子整体模型

5.7.2 二阶因子验证性分析

如前所述，二阶因子的验证性分析仍然采用组合信度和Cronbach's α系数来衡量信度，用因子负载、AVE值等来检验效度。

从表5-13可以看出，各个二阶因子的Cronbach's α系数均大于门槛值0.7，符合量表的信度要求，而组合信度方面，CR的值都在0.8以上，也均大于门槛值0.7，说明达到了内部一致性的要求，内部一致性情况良好。

表5-13　　　　　二阶因子组合信度和Cronbach's α值

代码	因子名称	题项数目	Composite Reliability	Cronbach's α
ZZ	组织层面项目社会资本	3	0.8821	0.8564
XM	项目层面项目社会资本	3	0.9138	0.8987
GR	个人层面项目社会资本	3	0.9343	0.7970

由表5-14的因子负载可以看出，本研究中题项的二阶因子负载介于0.7226和0.9102之间，均在标准值0.7以上，总体情况良好。因此，个别题项的效度良好。

表5-14　　　　　　　　二阶因子负载

序号　　代码	ZZ	XM	GR
A	0.8222		
B	0.8974		
C	0.7226		
D		0.8784	
E		0.8907	
F		0.7984	
G			0.9102
H			0.8835
I			0.7488

收敛效度的分析结果如表5-15所示，AVE的数值分别为0.5266、0.5699和0.5338，均在标准值0.5以上，表明三个二阶因子均具有良好的收敛效度。

表5-15 二阶因子的AVE值

代码	因子名称	题项数目	AVE
ZZ	组织层面项目社会资本	3	0.5266
XM	项目层面项目社会资本	3	0.5699
GR	个人层面项目社会资本	3	0.5338

判别效度分析结果如表5-16所示，对角线上黑体显示的数据为AVE的平方根，其余数值为二阶因子间的相关系数。可以看出，AVE的平方根均大于该二阶因子和其他二阶因子的相关系数，这表明三个二阶因子之间具有较好的区分效度，满足研究要求。

表5-16 二阶因子的AVE的平方根和相关系数

项目	组织层面项目社会资本	项目层面项目社会资本	个人层面项目社会资本
组织层面项目社会资本	**0.7257**		
项目层面项目社会资本	0.6571	**0.7549**	
个人层面项目社会资本	0.2792	0.5059	**0.7306**

5.7.3 基于PLS的二阶结构模型检验

通过以上的信度和效度分析，可以看出结构模型的测量模型已经通过检验，下面进行二阶结构模型的验证。同一阶模型一样，二阶模型的验证仍然通过SmartPLS 2.0进行，运行PLS算法和Bootstrapping（选取200次）计算后结果如表5-17所示。

为形象起见，图5-6为二阶模型的具体路径系数图。

表5-17 二阶模型路径系数表

系数 项目	路径系数	t值	对应假设	结果
组织层面项目社会资本→项目间知识转移	0.2395	2.4747	H10	支持
项目层面项目社会资本→项目间知识转移	0.2837	2.8913	H11	支持
个人层面项目社会资本→项目间知识转移	0.346	4.9146	H12	支持
项目间知识转移→项目任务绩效	0.6524	8.4562	H13	支持
项目间知识转移→项目创新绩效	0.3903	3.8662	H14	支持

注：t值与p值关系为：$|t| > 1.96$，$p < 0.05$；$|t| > 2.58$，$p < 0.01$；$|t| > 3.31$，$p < 0.001$。

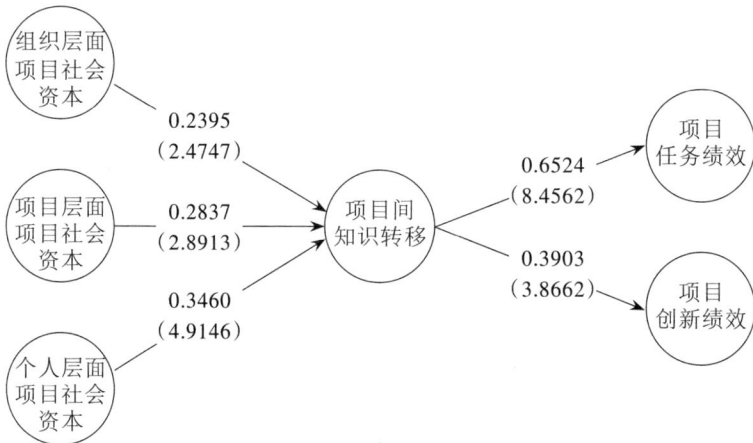

图5-6 二阶模型路径系数图

由以上结果可以看出，组织层面项目社会资本对项目间知识转移的路径系数为0.2395，t值为2.4747，在$p < 0.05$上显著；项目层面项目社会资本对项目间知识转移的路径系数为0.2837，在$p < 0.01$上显著；个人层面项目社会资本对项目间知识转移的路径系数为0.3460，在$p < 0.001$上显著；项目间知识转移对项目绩效的路径系数同上文一阶模型的分析，均在$p < 0.001$上显著。

综合一阶结构模型可知，组织层面项目社会资本的认知维度对项目间知识转移的影响并不显著，但是由二阶结构模型得出，组织层面项目社会资本对项目间知识转移具有显著影响，说明社会资本中的单一维度的作用并不影响整个层面的社会资本的作用。

对于二阶因子结构模型的预测能力用 R^2 来衡量，经过 PLS 算法运行后，得出项目间知识转移、项目任务绩效、项目创新绩效的 R^2 值分别为 0.4730、0.4258 和 0.3355（表格略），这表示三个层面的项目社会资本对项目知识转移的解释力度达到 47.30%，项目间知识转移对项目任务绩效的解释力度达到 42.58%，项目间知识转移对项目创新绩效的解释力度达到 33.55%，表明结构模型具有较强的解释力。

对于前文提出的研究假设，H10、H11、H12 三个假设均通过检验，并再次验证了 H13、H14 的假设检验。

5.8 研究结果与讨论

本章通过大样本数据对研究模型提出的各个假设关系进行了实证检验。首先对一阶变量各变量进行了描述性分析，其次进行了信度和效度的验证性分析，接着通过中介变量的检验，得出项目间知识转移可以作为中介变量的结论，然后针对一阶变量构建了 PLS 模型并对研究假设进行了检验，最后构建了二阶因子模型，并进行了二阶因子模型的验证和假设检验。研究结果小结如表 5-18 所示。

表 5-18 研究结果小结

序号	假设	研究结果
H1	组织层面的项目社会资本结构维度对项目间的知识转移具有正向作用	支持
H2	项目层面的项目社会资本结构维度对项目间的知识转移具有正向作用	支持
H3	个人层面的项目社会资本结构维度对项目间的知识转移具有正向作用	支持
H4	组织层面的项目社会资本关系维度对项目间的知识转移具有正向作用	支持

序号	假设	研究结果
H5	项目层面的项目社会资本关系维度对项目间的知识转移具有正向作用	支持
H6	个人层面的项目社会资本关系维度对项目间的知识转移具有正向作用	支持
H7	组织层面的项目社会资本认知维度对项目间的知识转移具有正向作用	不支持
H8	项目层面的项目社会资本认知维度对项目间的知识转移具有正向作用	支持
H9	个人层面的项目社会资本认知维度对项目间的知识转移具有正向作用	支持
H10	组织层面项目社会资本对项目间知识转移具有正向作用	支持
H11	项目层面项目社会资本对项目间知识转移具有正向作用	支持
H12	个人层面项目社会资本对项目间知识转移具有正向作用	支持
H13	项目间知识转移对项目任务绩效具有正向作用	支持
H14	项目间知识转移对项目创新绩效具有正向作用	支持

表5-18显示了实证研究对假设检验的结果，其中H10、H11、H12为二阶因子模型的假设，其余为一阶因子模型的假设。除H7组织层面的项目社会资本认知维度对项目间的知识转移具有正向作用没有通过检验外，其余假设均通过了验证，具体分析如下：

（1）项目社会资本的结构维度对项目间知识转移的影响

H1—H3通过检验，即组织、项目和个人三个层次的项目社会资本的结构维度对项目间知识转移都有正向影响，这与前文的理论分析相吻合，也再次证明了已有文献关于社会资本结构维度对项目间知识转移正向作用的结论。这说明，对于项目而言，与外部人员的网络密度、互动强度以及是否处于网络的中心位置等都是较为重要的因素，处于关系网络的中心位置，与外部人员经常交流以及存在广泛接触的项目团队，将更加容易获得来自其他项目的知识。同时，从三个层次的作用大小来看，组织层面结构维度的作用最为明显（路径系数为0.2689），其次为项目层次（路径系数为0.2224），个人层面结构维度的作用最小（路径系数为0.1942），这说明对于工程咨询项目团队而言，层次越高，结构维度的作用越明显，因此，应该加大组织层面和项目层面对外沟通的频度、密度等。

（2）项目社会资本的关系维度对项目间知识转移的影响

H4—H6通过检验，即组织、项目和个人三个层次的项目社会资本的关系维度对项目间知识转移都有正向影响，这与前文的理论分析相吻合，也再次证实了已有的研究。这说明，对于项目而言，在与外部人员沟通时，信任以及互惠对于促进项目间知识转移具有非常明显的作用。同时，从三个层次的作用大小来看，项目层面关系维度的作用最大（路径系数为0.2423），其次为组织层面（路径系数为0.2146），个人层面作用最小（路径系数为0.1942），这说明，项目层次的信任以及互惠将会最大程度地促进项目间的知识转移。组织层面由于不直接参与项目，而个人只是属于项目团队的一部分，难以将作用扩大至整个项目团队，因此，这两个层次的信任对于项目团队的知识获得较之项目层次作用稍弱。因而，应该加大项目层次与外部关系的信任度以及互惠程度以促进社会资本关系维度的增强。

（3）项目社会资本的认知维度对项目间知识转移的影响

H8—H9通过检验，说明项目层面和个人层面的项目社会资本的认知维度对项目间知识转移具有正向作用，但是H7没有通过检验，即组织层面项目社会资本的认知维度对项目间知识转移不存在正向作用。这说明，是否与外部人员存在共同语言，对于是否促进项目间知识转移，因社会资本的层次不同而不同，这也是与以往文献的结论不同的地方。已有文献由于没有对社会资本进行跨层次的研究，因此从单一层次上而言，社会资本的认知维度对知识转移是具有正向作用的，本书的H8—H9通过检验，也说明了这一点。而H7没有通过检验，并没有否定认知维度的作用，而是因为对于项目而言，组织的领导层一般不会直接参与项目，不是项目知识的最终运用者，因此，他们是否与外部人员有共同语言，对于项目间知识转移的作用不明显。

（4）组织、项目和个人三个层次的项目社会资本对项目间知识转移的影响

H10—H12通过检验，说明三个层次的项目社会资本对项目间知识

转移均有正向影响，这与已有文献的结论相吻合。值得一提的是，组织层面的认识维度没有通过检验，但是这并没有影响整体组织层面社会资本的作用力，这是因为，社会资本的三个维度之间会有相互作用，不会因为某一个维度的作用而导致整个层面作用下降，这也是本书进行二阶因子模型验证的原因。从作用大小来看，个人层面的作用最大（路径系数为0.3460），项目层面次之（路径系数为0.2637），组织层面最小（路径系数为0.2395），这说明对于项目间知识转移而言，个人层面的转移作用最为明显。而我们的直接经验却是层次越高，其社会资本带来的作用应该更加明显，与本书的研究结论不符，这是由于本书的研究模型没有考虑到三个层面的相关关系，而组织层面、项目层面可能会通过个人层面对知识转移产生影响，这有待于进一步的研究来验证。

（5）项目间知识转移对项目绩效的影响

H13—H14通过检验，即项目间知识转移对于促进项目任务绩效和项目创新绩效而言作用显著。这说明从外部获得知识不仅对于完成项目的任务具有显著作用，对于项目的创新也具有明显的促进作用，因此，应该努力推动与外部的知识交流，以提高项目的绩效。同时，从作用大小来看，相对于项目创新绩效（路径系数为0.3903）而言，项目间知识转移对项目任务绩效的作用（路径系数为0.6542）更加明显，这主要是因为项目的特性——任务导向性，在有限的资源限制下，完成任务对于项目往往更加紧迫和重要，因此获取知识大多是为了完成项目的任务。

6　研究结论与展望

6.1　研究结论

工程咨询项目是一种特殊的知识密集型项目，涉及领域众多，所需学科知识纷繁复杂，对于该类项目而言，项目内部乃至项目所属组织内部都难以仅依靠自己的力量完成项目，往往需要借助外部的力量。工程项目是一个特殊的群体组织，介于组织与个人之间，由一组人员组成，以共同完成项目任务为目的，除了项目这一组织形式外，项目所属组织和项目组个人的社会资本都将对项目任务的完成起到一定的推动作用，因此，可用于项目的社会资本将是多层次的。本书将项目社会资本分为组织层面、项目层面以及个人层面三个层次，每个层面又分为结构维度、关系维度和认知维度三个维度，分别考察了它们通过项目间知识转移这一中介作用对项目任务绩效和创新绩效的影响，通过实证研究，得出以下主要结论：

（1）社会资本的不同维度对知识转移的影响不同

本书按照 Nahapiet 和 Ghoshal[1] 的分类方法，将社会资本按照结构维度、关系维度和认知维度进行了划分，并参照以往的研究，对每个维度的考核指标进行了重新的界定和提炼。本书构建了以不同层面的社会资本的结构维度、关系维度和认知维度，项目间知识转移和项目的任务绩效与创新绩效为一阶变量的结构方程，经过实证检验，得出社会资本的不同维度对知识转移的影响作用不同的结论。具体分析如下：

从组织层面来看，社会资本的结构维度和关系维度都对知识转移具有显著的正向作用，但是认知维度对知识转移的影响作用并不显著。这说明组织层面的社会资本对项目而言，结构维度和关系维度的作用更加明显，而认知维度的重要性则不足。这与我们的经验认识是一致的，往往组织层面的社会联络和关系对项目能否获取知识非常重要，而是否与知识的供给者具有共同语言，能否完全接受转移来的知识则影响不大，这是因为知识的最终接受方和直接使用者是项目经理和项目成员。

从项目层面来看，社会资本的结构维度、关系维度和认知维度都对知识转移具有显著的正向作用，这说明项目层面的社会资本对知识转移具有较为重要的作用。其中关系维度的路径系数为0.2423，大于结构维度的路径系数0.2224和认知维度的路径系数0.1238，这说明对于项目层面的社会资本而言，关系维度的作用更加凸显，而认知维度相对于关系维度和结构维度作用力则较弱。

从个人层面来看，社会资本的结构维度、关系维度和认知维度都对知识转移具有显著的正向作用，这说明个人层面的社会资本对知识转移也具有较为重要的作用。与前两个层次不同，个人层面项目社会资本的认知维度的作用非常重要，其路径系数为0.2961，大于结构维度的路径系数0.1707和关系维度的路径系数0.1942。这说明项目成员与知识转移方是否具有共同语言对于项目间的知识转移效果作用非常显著，这是因为项目成员是知识的最终接受方和使用者，他们能否接受知识取决于与知识提供方是否存在共同语言。

整体来看，组织层面和项目层面项目社会资本的结构维度和关系维度对项目间知识转移的作用更加明显，而个人层面项目社会资本的认知维度对项目间知识转移的作用更加明显。社会资本对项目间知识转移的作用强度依次为：个人层面项目社会资本的认知维度、组织层面项目社会资本的结构维度、项目层面项目社会资本的关系维度、项目层面项目社会资本的结构维度、组织层面项目社会资本的关系维度、个人层面项目社会资本的关系维度、个人层面项目社会资本的结构维度、项目层面项目社会资本的认知维度。

（2）社会资本的不同层次对知识转移的影响不同

本书针对以往对社会资本的研究仅基于单一层次视角的不足，提出了基于项目的不同层次的社会资本体系，并将组织层面项目社会资本、项目层面项目社会资本和个人层面项目社会资本作为二阶变量，建立了二阶因子模型，对社会资本的不同层次对项目间知识转移的影响进行了实证研究。结果表明，不同层面的社会资本对知识转移都具有显著的影响，而个人层面的社会资本对知识转移的路径系数为0.3460，大于项目层面项目社会资本的路径系数0.2637和组织层面项目社会资本的路径系数0.2395，这说明对于项目间知识转移而言，个人层面的转移作用更加明显，其次为项目层面，然后是组织层面。但是从我们的经验认识，往往层次越高，其社会资本带来的作用应该更加明显，本书的研究结论与此不符，究其原因，是由于本书的研究模型没有考虑到组织层面、项目层面和个人层面的相关关系，而组织层面、项目层面可能会通过个人层面对知识转移产生影响，这有待于进一步的研究来验证。

（3）知识转移在社会资本与项目绩效的关系中具有中介作用

本书通过考察将项目间知识转移加入模型前后自变量对因变量的作用变化，证明了知识转移在社会资本与项目绩效的关系中具有中介作用。这说明社会资本并不能直接产生效应，而是通过知识转移作用于项目，进而对项目的绩效产生影响。这与前文的理论分析相一致，本书认为社会资本是获取资源的社会网络关系，不是资源本身，而资源通过社会资本获取，同时，也再次验证了部分学者对于社会资本是间接对绩效产生作用的研究。

对于知识转移的作用，以往学者已经做了大量的研究，社会资本的建立不但能够促使知识接受者全面了解显性知识的内涵，而且对隐性知识交流方面的作用更加重要，社会资本能构建知识输出方与知识接受方之间的特殊关系，隐性知识通过这种特殊关系进行转移与分享的效果将会更好[2]。本书再次验证了项目间的知识转移对项目绩效的作用。研究结果表明，项目间知识转移对项目任务绩效的作用（路径系数为0.6542）大于对项目创新绩效的作用（路径系数为0.3903）。这说明，项目间知识转移对项目任务完成的作用比对项目创新的作用更加明显，这一方面与项目任务导向性的特性有关，另一方面也说明项目的创新可能还需要其他的条件，影响项目创新绩效因素的完善也将是未来的研究方向之一。

6.2　实践建议

（1）培育和发展不同层次的社会资本

本研究结论表明社会资本对项目的任务绩效和创新绩效都有显著的作用，因此要培育和发展各个层次的社会资本，为项目的绩效的提升做出贡献。具体来讲，对于不同层次的社会资本关注的角度不同。

组织层面和项目层面，更应该关注于社会资本的结构维度与关系维度。组织的领导者和项目经理应该加强与外部的联系，包括建设项目的业主与其他参与方、高校、科研机构等组织以及业界其他相关人员；积极参与业界的经验交流，从中获取更多的知识和信息。同时，应该努力提高与外部人员的信任程度，为相互合作信守承诺，不损害对方利益，遵守互惠的原则，建立起互帮互助的机制。

对于项目成员层次，则应该关注于社会资本的认知维度，多提供培训的机会和内部交流，以提高项目成员的认知水平，在接受外部知识的转移时，避免沟通和接受的障碍。

（2）注重项目间的知识转移

基于本书的研究结论，社会资本通过知识转移对项目绩效产生影响，因此，应该在大力培育社会资本的基础上，注重知识转移活动的开展，增加项目获取知识和运用知识的能力以提高项目的绩效。一方面要增强组织、项目、个人等各个层面与项目外部长期良好的互动关系，增加信任感，另一方面也要提高项目组成员的专业水平，以便更有效地接受他人的知识。

6.3　创新点

（1）基于项目的角度研究社会资本，丰富了社会资本理论对群体层面的研究

在以往的研究中，社会资本理论在个体层次和组织层次取得了很大的进展，但是对于群体层次，相关研究较少，尤其是项目层次。项目是一个特殊的群体层次，具有临时性及复杂性等特点，在工程领域，项目更是基本的活动单位，对于工程建设的完成和建筑业的发展具有重要的意义。本书正是基于项目的角度对社会资本理论进行了理论探讨和实证研究，进一步丰富了社会资本理论对群体层面的研究。

（2）构建了项目社会资本的跨层次体系，拓展了社会资本理论的研究视角

以往对社会资本理论的研究，不管是从组织层面还是个人层面，抑或从群体层面，都是从单一层次入手，鲜有人从跨层次的视角对社会资本进行探讨。本书从组织层面、项目层面和个人层面三个层次构建了项目社会资本的跨层次体系，并实证研究了不同层次的社会资本对项目绩效的影响，拓展了社会资本理论的研究视角。

（3）将社会资本理论引入项目管理领域，扩展了项目管理的研究思路

社会资本理论已经广泛应用于管理学的很多领域，但是对项目管理领域的研究还不足，本书基于项目的视角，研究了社会资本通过知识转移的中介作用对项目绩效的影响，从社会学的角度对项目绩效进行了分析，扩展了工程项目管理理论的研究思路，对工程咨询项目的管理也具有一定的实践指导意义。

6.4 研究不足与展望

6.4.1 研究不足

（1）研究对象针对工程咨询项目，对于其他性质项目的普适性不足

本书的研究对象限定为工程咨询项目，因此研究结论的普适性可能不足。这主要是因为工程行业具有其特殊性，有别于其他行业，而工程咨询项目又是工程行业中较为特殊的一类项目，具有知识密集型的特性，所以本书的分析结果对于其他行业或工程行业的其他项目的适用性还需要进一步的验证。

（2）样本数量的限制

在应用结构方程进行分析时，一般认为测量题项与样本的比例应在1∶5以上，最好能达到1∶10，由于条件有限，本研究用于分析的有效调查问卷为186份，虽然进行模型的验证时运用了对样本数量要求不高的SmartPLS，也基本达到了一般要求，但是从高要求标准来看，还是存在样本数量偏小的问题。

（3）研究要素的局限

本书对于社会资本的研究着重于项目外部的社会资本，并没有对项目内部的社会资本进行探讨，这使得项目社会资本的体系不够完善。社会资本理论是一个较为庞大的理论体系，由于本书重点考察的是不同层次的社会资本对项目绩效的作用，因此没有考虑内部社会资本的影响，这可能对研究结论产生部分影响，造成了本研究的不足。

6.4.2 研究展望

（1）对相关变量的关系进行更深入的研究

本书虽然提出了基于项目的不同层次的社会资本体系，并将组织层面项目社会资本、项目层面项目社会资本和个人层面项目社会资本作为二阶变量，建立了二阶因子模型，并进行了实证研究，但是没有考虑不同层次社会资本的相关性，而组织层面、项目层面可能会通过个人层面

对知识转移产生影响，这将有待于将来进一步的研究来验证。另外，项目间知识转移对项目任务绩效的影响大于对创新绩效的影响，对于创新绩效的影响机制是否还存在其他的因素，也将是以后的研究方向之一。

（2）研究对象的扩大

本书的研究对象针对工程咨询项目，工程咨询项目与工程行业的其他项目相比，具有知识密集型及知识复杂性等特殊性，而工程行业的其他项目是否也适用于本研究结论，还不得而知，因此，在可能的条件下，对工程行业的其他项目进行研究将是未来的研究方向之一。

主要参考文献

[1]   Nahapiet J, Ghoshal S.Social capital, intellectual capital, and the orga-
       nizational advantage [J]. The Academy of Management Review,
       1998, 23 (2): 242-266.

[2]   Szulanski G.Exploring internal stickiness: Impediments to the transfer of
       best practice within the firm [J]. Strategic Management Journal,
       1996, 17 (Winter Special Issue): 27-43.

[3]   尹贻林, 张勇毅. 中国工程咨询业的发展与演进 [J]. 土木工程学报,
       2005, 38 (10): 129-133.

[4]   熊华平, 李琳. 我国工程咨询业的SWOT分析 [J]. 中国工程咨询, 2005
       (1): 19-21.

[5]   孙逦. 工程咨询业知识服务创新多层整合模式研究 (上) [J]. 中国工程咨
       询, 2006 (2): 31-36.

[6]   陈英成. 工程咨询企业"走出去"的现状与问题 [J]. 国际经济合作,
       2004 (8): 13-14.

[7]   Adler P S, Kwon S.Social capital prospects for a new concept [J].
       Academy of Management Review, 2002, 27 (1): 17-40.

[8]   郭贵林. 社会资本、知识过程与部门效能关系实证研究 [D]. 杭州: 浙江
       大学, 2008.

[9] Hansen M T, Nohria N, Tierney T.What's your strategy for managing knowledge? [J]. Harvard Business Review, 1999, 77 (2): 106-116.

[10] Javernick-Will A N, Levitt R E.Mobilizing institutional knowledge for international projects [J]. Journal of Construction Engineering and Management (in press), 2010, 136 (4): 430-441.

[11] 边燕杰. 社会资本研究 [J]. 学习与探索, 2006, (2): 39-40.

[12] Podolny J M, Baron J N.Resources and relationships: Social netwoks and mobility in the workplace [J]. American Sociological Review, 1997, 62 (5): 673-693.

[13] Belliveau M A, O'Reilly C A, Wade J B.Social capital at the top: Effects of social similarity and status on CEO compensation [J]. The Academy of Management Journal, 1996, 39 (6): 1568-1593.

[14] Zaheer A, Mcevily B, Perrone V.Does trust matter? Exploring the effects of interorganizational and interpersonal trust on performance [J]. Organization Science, 1998, 9 (2): 141-159.

[15] Gabbay S M, Zuekerman E W.Social capital and opportunity in corporate R&D: The contingent effcet of contact density on mobility expcetation [J]. Social Seience Research, 1998 (27): 189-217.

[16] Bourdieu P.The forms of capitall [M] //Richardson J G (Eds.). Handbook of theory and research for the sociology of education.New York: Greenwood, 1986: 241-258.

[17] Coleman J S.Foundations of social theory [M]. Cambridge: Harvard University, 1990.

[18] Putnam R D.Making demoeracy work: Civic traditionsins in modem Italy [M]. Princeton, NJ: Princeton UniVersity Press, 1993.

[19] Tsai W, Ghoshal S. Social capital and value creation: The role of intrafirm networks [J]. Academy of Management Journal, 1998 (41): 464-476.

[20] Oh H, Chung M, Labianca G.Group social capital and group effectiveness: The role of informal socializing ties [J]. The Academy of Management Journal, 2004, 47 (6): 860-875.

[21] 柯江林, 等. 企业R&D团队之社会资本与团队效能关系的实证研究——以知识分享与知识整合为中介变量 [J]. 管理世界, 2007 (3): 89-101.

[22] Schultz T W.Investment in human capital [J]. The American Economic Review, 1961, 51 (1): 1-17.

[23] Coleman J S.Social capital in the creation of human capital [J]. American Journal of Sociology, 1988, 194 (5): 95-121.

[24] 马克思. 资本论: 第一卷 [M]. 中共中央马克思恩格斯列宁斯大林著作编译局, 译. 北京: 北京人民出版社, 1972.

[25] 林南. 建构社会资本的网络理论 [J]. 国外社会学, 2002 (2): 18-37.

[26] 斯密. 国民财富的性质和原因的研究 [M]. 郭大力, 王亚南, 译. 北京: 商务印书馆, 1979.

[27] 舒尔茨. 论人力资本投资 [M]. 吴珠华, 等, 译. 北京: 北京经济学院出版社, 1990.

[28] 贝克尔. 人力资本 [M]. 梁小民, 译. 北京: 北京大学出版社, 1987.

[29] Loury G.A dynamic theory of racial income differences [M]. //Wallace P A, Lamond A (Eds.). Women, minorities and employment discrimination. Lexington: Lexington Books, 1977: 153-186.

[30] Portes A.Social capital: Its origins and applications in modern sociology [J]. Annual Review of Sociology, 1998 (24): 1-24.

[31] 张文宏. 社会资本: 理论争辩与经验研究 [J]. 社会学研究, 2003 (4): 23-35.

[32] Burt R S.Structural holes: The social structure of competition [M]. Cambridge, MA: Harvard University Press, 1992.

[33] Putnam R D.Bowling alone: America's declining social capital [J]. Journal of Democracy, 1995 (6): 65-78.

[34] Fukuyama F.Trust: The social virtues and the creation of prosperity [M]. NY: Free Press, 1996.

[35] 林南. 社会资本: 争鸣的范式和实证的检验 [J]. 香港社会学学报, 2001 (2): 1-35.

[36] 张其仔. 社会资本论——社会资本与经济增长 [M]. 北京: 社会科学文献出版社, 1997.

[37] 卜长莉, 金中祥. 社会资本与经济发展 [J]. 社会科学战线, 2001 (4): 217-222.

[38] 李惠斌, 杨雪冬. 社会资本与社会发展 [M]. 北京: 社会科学文献出版社, 2000.

[39] 边燕杰. 社会网络与求职过程 [M] //林益民, 涂肇庆. 改革开放与中国社会: 西方社会学文献述评. 香港: 牛津大学出版社, 1999: 110-138.

[40] 边燕杰, 丘海雄. 企业的社会资本及其功效 [J]. 中国社会科学, 2000 (2): 87-99.

［41］ 顾新，等．社会资本及其在知识链中的作用［J］．科研管理，2003（2）：
44-48.

［42］ 徐延辉．企业家的伦理行为与企业社会资本的积累［J］．社会学研究，
2002（6）：63-71.

［43］ Koka B R，Prescott J E.Strategic allianees as social capital：A multidi-
mensional view［J］．Strategic Management Journal，2002，23（9）：
795.

［44］ Brown T F.Theoretical summary of social capital［C］．Workingpaper.
University of Wisconsin，1999.

［45］ Turner J H.The formation of social capital［R］．//Dagupta P，Serageldin
I（Eds.）．Social Capital：A Multifaceted Perspective. Washington，DC：
The World Bank，1999.

［46］ Leana C，Van Buren Iii H J.Organizational social capital and employment
practices［J］．The Academy of Management Review，1999，24（3）：
538-555.

［47］ Leenders R T A J，Gabbay S M.Corporate social capital and liability［M］.
Boston：Kluwer Press，2001.

［48］ 张方华．企业的社会资本与技术创新——技术创新理论研究的新视野［J］.
自然辩证法通讯，2003（6）：55-61.

［49］ Pennings J M，Lee K，Van Witteloostuijn A.Human capital，social capi-
tal，and firm dissolution［J］．The Academy of Management Journal，
1998，41（4）：425-440.

［50］ 林亿明．团队导向的人力资源管理实务对团队知识分享与创新之影响——
社会资本的中介效果［D］．台北：东吴大学，2001.

［51］ Payne G T，Moore C B，Griffis S E，et al.Multilevel challenges and op-
portunities in social capital research 2011［J］．Journal of Management，
2011，37（2）：491-520.

［52］ Gabby S M.Social capital in the creation of financial capital：The case of
network marketing［M］．Illinois：Stipes Publishers，1997.

［53］ Bolino M C，Turnley W H，Bloodgood J M.Citizenship behavior and the
creation of social capital in organization［J］．Academy of Management
Review，2002，27（4）：505-522.

［54］ Aquino K，Serva M.Using a dual role assignment to improve group dy-
namics and performance：The effects of facilitating social capital in
teams［J］．Journal of Management Education，2005，29（1）：17-38.

[55] Kang S C, Morris S S, Snell S A.Extending the human resource archit-
    ceture： Relational archetypes and value creation ［C］. CAHRS' Wok-
    ing Paper Series，2003：3-13.

[56] Inkpen A C, Tsang E W K.Social capital, networks, and knowledge
    transfer ［J］. Academy of Management Review，2005，30（1）：146-
    165.

[57] Lee S H, Wong P K, Chong C L.Human and social capital explanations
    for R&D outcomes ［J］. Engineering Management, IEEE Transcations,
    2005，52（1）：59-68.

[58] Jiang C Y.The impact of entrepreneur's social capital on knowledge trans-
    fer in Chinese high-tech firms：the mediating effects of absorptive and
    guanxi development ［J］. International Journal of Entrepreneurship & In-
    novation Management，2005，5（3/4）：269-279.

[59] 何芳蓉. 新产品开发团队之社会资本、知识分享与绩效的实证研究 ［D］.
    高雄：高雄第一科技大学，2003.

[60] 韦影. 企业社会资本与技术创新：基于吸收能力的实证研究 ［J］. 中国工
    业经济，2007，234（9）：119-127.

[61] 柯江林，石金涛. 知识型团队有效知识转移的社会资本结构优化研究 ［J］.
    研究与发展管理，2007（1）：21-27，58.

[62] 郭贵林，易小梅. 基于企业网络的技术转移绩效影响因素实证研究 ［J］.
    重庆大学学报（社会科学版），2008（5）：42-47.

[63] 姜进章. 知识重建论：一种超越时代的管理哲学与方法论 ［M］. 北京：科
    学出版社，2004.

[64] Nonaka I, Takeuchi H.The knowledge creating company ［M］. New
    York：Oxford University Press，1995.

[65] Wiig K M.Integrating intellectual capital and knowledge management ［J］.
    Long Range Planning，1997，30（3）：399-405.

[66] 德鲁克. 大变革时代的管理 ［M］. 赵干城，译. 上海：译文出版社，
    1999.

[67] Davenport T H, Prusak K.Working knowledge：How organizations man-
    age what they know ［M］. Boston：Harvard Business School Press，
    1998.

[68] Polanyi M.The logic of tacit inference ［J］. Philosophy，1966，41
    （155）：1-18.

[69] Nonaka I.The knowledge-creating company ［J］. Harvard Business Re-

view，1991（69）：96-104.

[70] Hedlund G.A model of knowledge management and the N-form corpora-tion［J］. Strategic Management Journal，1994，15（Spcial Issue）：73-90.

[71] Zack M H.Managing codified knowledge［J］. Sloan Management Re-view，1999（40）：45-58.

[72] Nonaka I.A dynamic theory of organizational knowledge creation［J］. Organization Science，1994，5（1）：14-37.

[73] 王众托. 关于知识管理若干问题的探讨［J］. 管理学报，2004（1）：18-24.

[74] Teece D.Technology transfer by multinational enterprises：The resource costs of transferring technological know-how［J］. Economic Journal，1977（87）：242-261.

[75] Singley M K，Anderson J R.The transfer of cognitive skill［M］. New York：Havard University Press，1989.

[76] Cohen W，Levinthal D.Absorptive capacity：A new perspective on learn-ing and innovation［J］. Administration Science Quarterly，1990（35）：128-152.

[77] Hendriks P.Why share knowledge? The influence of ICT on the motiva-tion for knowledge sharing［J］. Knowledge and Process Management，1999，6（2）：91-100.

[78] Dixon N M.Common knowledge：How companies thrive by sharing what they know［M］. Boston：Harvard Business School Press，2000.

[79] 张莉. 知识黏性与技术转移绩效研究［D］. 天津：天津大学，2009.

[80] 卢兵，岳亮，廖貅武. 联盟中知识转移效果的研究［J］. 科学学与科学技术管理，2006（8）：84-88

[81] 王越，和金生. 基于融知发酵模型的知识流分析［J］. 研究与发展管理，2005，17（3）：77-82.

[82] Alavi M，Leidner D E.Review：Knowledge management and knowledge management systems：Conceptual foundations and research issues［J］. MIS Quarterly，2001，25（1）：107-136.

[83] Cummings J L，Teng B S.Transferring R&D knowledge：The key fac-tors affecting knowledge transfer success［J］. Journal of Engineering and Technology Management，2003，20（1-2）：39-68.

[84] Zander U，Kogut B.Knowledge and the speed of the transfer and imita-

tion of organizational capabilities: An empirical test [J]. Organization Science, 1995, 6 (1): 76-92.

[85] Arogte L, Ingram P.Knowledge transfer: A basis for competitive advantage in firms [J]. Organizational Behavior and Human Decision Processes, 2000, 82 (1): 150-169.

[86] Von Hippel E. "Sticky" information and the locus of problem solving: Implications for innovation [J]. Management Science, 1994, 40 (4): 429-439.

[87] Aladwani A M.An integrated performance model of information systems projects [J]. Journal of Management Information Systems, 2002, 19 (1): 185-210.

[88] 王毅, 吴贵生. 产学研合作中粘滞知识的成因与转移机制研究 [J]. 科研管理, 2001 (11): 114-121.

[89] Albino V, Garavelli A C, Schiuma G.Knowledge transfer and inter-firm relationships in industrial districts: The role of the leader firm [J]. Technovation, 1999, 1 (19): 53-73.

[90] 汪应洛, 李勖. 知识的转移特性研究 [J]. 系统工程理论与实践, 2002 (10): 8-11.

[91] Kim L.Imitation to innovation: The dynamics of Korea's technological learning [M]. Boston: Harvard Business School Press, 2000.

[92] 徐占忱, 何明升. 知识转移障碍纾解与集群企业学习能力构成研究 [J]. 情报科学, 2005 (5): 559-663.

[93] Ei-Sayed A.An ontology-based approach to inter-organizational knowledge transfer [J]. Journal of Global Information Technology Management, 2002, 5 (3): 32-47.

[94] Choi C J, Lee S H.A knowledge-based view of cooperative interorganizational relationships [M] //Beamish P W, Killing J P (Eds.). Cooperative Strategies: European Perspectives.San Francisco, CA: New Lexington, 1997: 33-58.

[95] Lei D, Slocum J W, Pitts R A.Building cooperative advantage: Managing strategic alliances to promote organizational learning [J]. Journal of World Business, 1997, 32 (3): 203-223.

[96] Bates R A, Holton E F.Computerized performance monitoring: A review of human resource issues [J]. Human Resource Management Review, 1995, 5 (4): 267-288.

[97] Bernarding H J, Russel J E A.Human resource management: An experimential approach [M]. New York: Mc Graw-Hill, 1993.

[98] Campbell J P, Mchenry J J, Wise L L.Modeling job performance in population of jobs [J]. Personnel Psychology, 1990, 43 (2): 313-333.

[99] Borman W, Motowidlo S.Expanding the criterion domain to include elements of contextual performance [M] // Schmitt N, Borman W C (Eds.). Personnel selection in organizations.New York: Jossey-Bass, 1993: 71 - 98.

[100] Van Scotter J R, Motowidlo S J.Interpersonal facilitation and job dedication as separate facets of contextual performance [J]. Journal of Applied Psychology, 1996 (81): 525-531.

[101] Hackman J R.The design of work teams [M] //Lorsch J (Eds.). Handbook of organizational behavior.New York: Prentice Hall, 1987: 315-342.

[102] Sundstrom E, De Meuse K P, Futrell D.Work team: Applications and effectiveness [J]. American Psychologist, 1990, 45 (2): 120-133.

[103] Guzzo R A, Shea G P.Group performance and inter-group relationship in orgnaziation [J]. Handbooks of Industrial and Organizational Psychology, 1992 (3): 262-313.

[104] 黄悦胜. 中国中小企业技术创新政策与创新模式研究 [D]. 长沙: 中南大学, 2002.

[105] Nepal M P, Dulaimi M F, Park M.Dynamic modeling for construction innovation [J]. Journal of Management in Engineering, 2004, (4): 170-177.

[106] Granovetter M S.The strength of weak ties [J]. American Journal of Sociology, 1973, 78 (6): 1360-1380.

[107] Bian Y J.Bring strong ties back in: Indirect ties, network bridges and job searches in China [J]. American Sociology Review, 1997 (62): 366-385.

[108] Marsden P V.Network data and measurement [J]. Annual Review of Sociology, 1990 (16): 435-463.

[109] Uzzi B, Gillespie J J.Knowledge spillover in corporate financing networks: Embeddedness and the firm's debt performance [J]. Strategic Management Journal, 2002, 23 (7): 595-618.

[110] Uzzi B, Lancaster R.The role of relationships in interfirm knowldge trans-

fer and learning：The case of corporate debt markets［J］. Management Science，2003（49）：383-399.

［111］ Uzzi B.Social structure and competition in interfirm networks：The paradox of embeddedness［J］. Administrative Science Quarterly，1997，42（1）：35-67.

［112］ Uzzi B.The sources and consequences of enbeddedness for the economic performance of organizations：The network effect［J］. American Sociological Review，1996，61（4）：674-698.

［113］ Hansen M T.Knowledge networks：Explaining effective knowledge sharing in multitunit companies［J］. Organization Science，2002，13（3）：232-248.

［114］ Burt R S.The network structure of social capital［J］. Research in Organizational Behavior，2000（22）：345-423.

［115］ Reagans R，Mcevily B.Network structure and knowledge transfer：The effects of cohesion and range［J］. Administrative Science Quarterly，2003（48）：240-267.

［116］ Tsai W.Social capital，strategic relatedness and the formation of intraorganizational linkages［J］. Strategic Management Journal，2000，21（9）：925-939.

［117］ Levin D，Cross R.The strength of weak ties you can trust：The mediating role of trust in effecitve knowledge transfer［J］. Management Science，2003，50（11）：1477-1490.

［118］ Dyer J H，Nobeoka K. Creating and managing a high-performance knowledge-sharing network：The Toyota case［J］. Strategic Management Journal，2000（21）：345-367.

［119］ 邝宁华，胡奇英，杜荣. 强联系与跨部门复杂知识转移困难的克服［J］. 研究与发展管理，2004（2）：20-25.

［120］ 田慧敏，李南，邓丹. 弱连接在促进隐藏隐性知识转移中的作用［J］. 科技进步与对策，2005（6）：18-20.

［121］ 吴绍波，顾新. 知识链组织之间合作的关系强度研究［J］. 科学学与科学技术管理，2008（2）：113-118.

［122］ 张志勇，刘益. 基于网络视角的企业间知识转移研究［J］. 情报杂志，2007（11）：70-72.

［123］ 侯吉刚，刘益，李西垚. 基于企业网络结构属性的知识管理研究［J］. 科学管理研究，2008（1）：74-77.

［124］ 张志勇，刘益. 企业间知识转移的双网络模型［J］. 科学学与科学技术管理，2007（9）：94-97.

［125］ 周密，赵文红，姚小涛. 社会关系视角下的知识转移理论研究评述及展望［J］. 科研管理，2007（3）：78-85.

［126］ 许小虎，项保华. 社会网络中的企业知识吸收能力分析［J］. 经济问题探索，2005（10）：18-22.

［127］ 王三义，何风林. 社会资本的认知维度对知识转移的影响路径研究［J］. 统计与决策，2007（5）：122-123.

［128］ 王三义，刘新梅，万威武. 社会资本结构维度对企业间知识转移影响的实证研究［J］. 科技进步与对策，2007（4）：105-107.

［129］ 王三义，刘新梅，万威武. 社会资本关系维度对知识转移的影响路径研究［J］. 科技进步与对策，2007（9）：84-87.

［130］ 刘林平. 企业的社会资本：概念反思和测量途径——兼评边燕杰、丘海雄的《企业的社会资本及其功效》［J］. 社会学研究，2006（2）：204-216.

［131］ 张其仔. 社会资本与国有企业绩效研究［J］. 当代财经，2000（1）：53-58.

［132］ Luo X，Griffith D A，Liu S S，et al.The effects of customer relationships and social capital on firm performance：A Chinese business illustration ［J］. Journal of International Marketing，2004，12（4）：25-45.

［133］ Park S H，Luo Y. Guanxi and organizational dynamics：Organizational networking in Chinese firms［J］. Strategic Management Journal，2001（22）：455-477.

［134］ Gulati R，Nohria N，Zaheer A.Strategic networks［J］. Strategic Management Journal，2000，21（3）：203-215.

［135］ Krause D R，Handfield R B，Tyler B B.The relationships between supplier development，commitment，social capital accumulation and performance improvement［J］. Journal of Operations Management，2006，25（2）：528-545.

［136］ Yli-Renko H，Autio E，Sapienza H. Social capital，knowledge acquisition and knowledge exploitation in young technology-based firms［J］. Strategic Management Journal，2001（22）：587-613.

［137］ Gilliland D I，Bello D C.Two sides to attitudinal commitment：The effect of calculative and loyalty commitment on enforcement mechanisms in distribution channels［J］. Journal of the Academy of Marketing Science，2002，30（1）：24-43.

[138] 郑美群，蔡莉，王发银. 社会资本对高技术企业绩效的作用分析 [J]. 工业技术经济，2005（2）：73-74.

[139] Moran P.Structural vs.relational embeddness：Social capital and managerial performance [J]. Strategic Management Journal, 2005（26）：1129-1151.

[140] 贺远琼，田志龙，陈昀. 环境不确定性、企业高层管理者社会资本与企业绩效关系的实证研究 [J]. 管理学报，2008，24（3）：423-429.

[141] 贺远琼，田志龙，陈昀. 企业高管社会资本与企业经济绩效关系的实证研究 [J]. 管理评论，2007（3）：33-37.

[142] 巫景飞，等. 高层管理者政治网络与企业多元化战略：社会资本视角——基于我国上市公司面板数据的实证分析 [J]. 管理世界，2008（8）：107-118.

[143] Reagans R，Zuckerman E，Mcevily B.How to make the team：Social networks vs.demography as criteria for designing effective teams [J]. Administrative Science Quarterly, 2004（49）：101-133.

[144] Reagans R，Zuckerman E W. Networks，diversity，and productivity：The social capital of corporate R&D teams [J]. Organization Science, 2001（12）：502-517.

[145] 卜长莉. 社会资本的负面效应 [J]. 学习与探索，2006（2）：54-57.

[146] Greve A，Salaff J W.The development of corporate social capital in complex innovation processes [M] // Gabby S M，Leenders R T A J（Eds.）. Research in the sociology of organizations：Social capital of organizations.Amsterdam：JAI Press, 2001（18）：107-134.

[147] 蒋春燕，赵曙明. 社会资本和公司企业家精神与绩效的关系：组织学习的中介作用——江苏与广东新兴企业的实证研究 [J]. 管理世界，2006（10）：90-99.

[148] 王霄，胡军. 社会资本结构与中小企业创新——一项基于结构方程模型的实证研究 [J]. 管理世界，2005（7）：116-122.

[149] Melvin B，Charles D P. The missing opportunity in organizational research：Some implications for a theory of work Performance [J]. Academy of Management Review, 1982, 2（4）：560-568.

[150] Wiig K M.Establish，govern and renew the enterprise's knowledge practices [M]. Arlington TX：Scheme Press, 1999.

[151] Gold A H，Malhotra A，Segars A H.Knowledge management：An organizational capabilities perspective [J]. Journal of Management Informa-

tion Systems，2001，18（1）：185-214.

［152］ Mohrman S A，Finegold D，Mohrman A M.An empirical model of the or-ganization knowledge system in new product development firms［J］. Journal of Engineering and Technology Management，2003，20（1-2）： 7-38.

［153］ Nerkar A，Paruchuri S. Evolution of R&D capabilities：The role of kowledge networks within a firm ［J］. Management Science，2005， 51（5）：771-786.

［154］ Cassiman B，Veugelers R.In search of complementarity in innovation strategy：Internal R&D and external knowledge acquisition［J］. Man-agement Science，2006，52（1）：68-83.

［155］ 周密，赵西萍，李徽. 个人关联绩效与团队知识转移成效、团队绩效关系 研究［J］. 科学学与科学技术管理，2006（12）：138-143.

［156］ 张晓燕. 跨国公司子公司之间知识转移战略与绩效表现框架模型［J］. 研 究与发展管理，2009（3）：8-14.

［157］ 杨雪绒. 知识转移对组织绩效的影响研究：知识满意度的中介检验［J］. 情报杂志，2011（3）：119-123.

［158］ 倪渊，林健. 知识型团队内部知识转移与团队绩效的关系［J］. 工业工程， 2011（3）：74-79.

［159］ 李靖华，庞学卿. 组织文化、知识转移与新服务开发绩效：城市商业银行 案例［J］. 管理工程学报，2011（4）：163-171.

［160］ Vincenzo F D，Mascia D.Social capital in project-based organizations： Its role，structure，and impact on project performance［J］. Internation-al Journal of Project Management，2012，30（1）：5-14.

［161］ Lin N，Dumin M.Access to occupations through social ties［J］. Social Networks，1986（8）：365-385.

［162］ Bouty I.Interpersonal and interaction influences on informal resource ex-changes between R&D and researcher acorss organizational boundaries ［J］. Academy of Management Journal，2000，43（1）：50-65.

［163］ Granovetter M S.Economic action and social structure：The problem of embeddedness ［J］. The American Journal of Sociology，1985，91 （3）：481-510.

［164］ Marsden P，Campbell K.Measuring tie strength ［J］. Social Forces， 1984，63（2）：482-501.

［165］ Scott J.Social network analysis：A handbook［M］. London：Sage，

1991.

[166] Pablos P O D.Western and eastern views on social network [J]. The Learning Organization，2005，12（5）：436-456.

[167] Lewicki R J，Bunker B B.Developing and maintaining trust in work relationships [M] //Kramer R M，Tyler T R（Eds.）. Trust in Organizations：Frontiers of Theory and Research.Thousand Oaks，CA：Sage Publications，1996.

[168] 李敏. 论企业社会资本的有机构成及功能 [J]. 中国工业经济，2005（8）：81-88.

[169] Wilson D T，Vlosky R P.Inter-organizational information system technology and buyer-seller relationships [J]. Journal of Business and Industrial Marketing，1998，13（3）：215-234.

[170] Andrews K M，Delahaye B L.Influences on knowledge processes in organizational learning：The psychological filter [J]. Journal of Management Studies，2000，37（6）：2322-2380.

[171] Rindfleisch A，Heide J B.Transaction cost analysis：Past，present，and future applications [J]. Journal of Marketing，1997，61（4）：30-54.

[172] Henderson R M，Clark K B.Architectural innovation：The reconfiguration of existing product technologies and the failure of established firms [J]. Administrative Science Quarterly，1990，35（1）：9-30.

[173] Kogut B，Zander U.Kowledge in the firm，combinative capabilities and the replication of technology [J]. Organization Science，1992，3（3）：383-397.

[174] Lawson B，Tyler B，Cousins P C.Social capital effects on relational performance improvement：An information processing perspective [C]. Acadamy of Management Conference，2006.

[175] Möller K，Rajala A，Svahn S.Strategic business nets—Their type and management [J]. Journal of Business Research，2005，58（9）：1274-1284.

[176] Ahuja G.Collaboration networks，structural holes，and innovation：A longitudinal study [J]. Administrative Science Quarterly，2000（45）：425-455.

[177] Bonner J M，Kim D，Cavusgil S T.Self-perceived strategic network identity and its effects on market performance in alliance relationships [J]. Journal of Business Research，2005，58（10）：1371-1380.

［178］ Ritter T，Gemünden H G.Interorganizational relationships and networks：an overview ［J］. Journal of Business Research，2003，56（9）：691-697.

［179］ Kilduff M，Krackhardt D.Bringing the individual back in：A structural analysis of the internal market for reputation in organizations ［J］. Academy of Management Journal，1994，37（1）：87-108.

［180］ 赵延东，罗家德. 如何测量社会资本：一个经验研究综述 ［J］. 国外社会科学，2005，（2）：18-23.

［181］ Appleyard M M.How does knowledge flow？ Interfirm patterns in the semiconductor industry ［J］. Strategy Management Journal，1996（17）：137-154.

［182］ Inkpen A C，Dinur A.Knowledge management processes and international joint ventures ［J］. Organization Science，1998，9（4）：454-468.

［183］ Larson A.Network dyads in entrepreneurial settings：A study of the governmence of exchange relationships ［J］. Administrative Science Quarterly，1992（37）：76-104.

［184］ Ring P S，Van De Ven A H.Structuring cooperative relationships between organizations ［J］. Stategic Management Journal，1992，13（7）：483-498.

［185］ Breman H，Birkinshaw J，Nobel R.Knowledge transfer in international acquisitions ［J］. Journal of Internantional Business Studies，1999，30（3）：439-462.

［186］ Gupta A K，Govindarajan V.Knowledge flows within multinational corporations ［J］. Statgic Management Journal，2000（21）：473-496.

［187］ Subramaniam M，Venkatraman N.Determinants of transnational new product development capability：Testing the infulence of transfering and deploying tacit overseas knowledge ［J］. Strategic Management Journal，2001（22）：359-378.

［188］ Lane P J，Lubatkin M.Relative absorptive capacity and interorganizational learning ［J］. Strategic Management Journal，1998，19（5）：461-477.

［189］ Zahra S A，Ireland R D，Hitt M A.International expansion by new venture firms：Intrenational diversity，mode of market entry，technological learning，and performance ［J］. Academy of Management Journal，2000（43）：925-950.

[190] Bulter J E, Hansen G S.Network evolution, entrepreneurial success, and regional development [J]. Entrepreneurship & Regional Development, 1991, 3 (1): 1-16.

[191] Rowley T, Behrens D, Krackhardt D.Redundant governance structures: An analysis of structural and relational embeddedness in the steel and semiconductor industries [J]. Strategic Management Journal, 2000 (21): 369-386.

[192] Tsai W.Knowledge transfer in intraorganizational networks: Effects of network position and absorptive capacity on business unit innovation and performance [J]. Academy of Management Journal, 2001 (44): 996-1004.

[193] Ingram P, Roberts P.Friendships among competitors in the Sydney hotel industry [J]. American Journal of Sociology, 2000 (106): 387-423.

[194] Mayer R C, Davis J H, Schoorman F D.An integrative model of organizational trust [J]. Academy of Management Review, 1995 (20): 709-734.

[195] Bradach J L, Eccles R G.Market versus hierarchies: From ideal types to plural forms [J]. Annual Review of Sociology, 1989 (15): 97-118.

[196] 郑仁伟，黎士群. 组织公平、信任与知识分享行为之关系研究 [J]. 人力资源管理学报, 2001, 1 (2): 69-93.

[197] Chiles T, Mcmackin J.Integrating variable risk preference, trust, and transaction cost economics [J]. Academy of Management Review, 1996 (16): 73-99.

[198] Smeltzer L R.The meaning and origin of trust in buyer-supplier relationships [J]. Journal of Supply Chain Management, 1997, 33 (1): 40-48.

[199] 徐碧祥. 员工信任对其知识整合与共享意愿的作用机制研究 [D]. 杭州: 浙江大学, 2007.

[200] Politis J D.The connection between trust and knowledge management: What are its implications for team performance [J]. Journal of Knowledge Management, 2003, 7 (5): 55-66.

[201] Lin H, Lee G.Perceptions of senior managers toward knowledge-sharing behaviour [J]. Management Decision, 2004, 42 (1): 108-125.

[202] Philipp A, Kaser W.Knowledge activists: The cultivation of motivation

and trust propertities of knowledge sharing relationships [J]. Academy of Management Proceedings, 2001, (1): 1-6.

[203] Chowdhury S.The role of affect- and cognition-based trust in complex knowledge sharing [J]. Journal of Managerial Issues, 2005, 17 (3): 310-326.

[204] Currall S, Judge T. Measuring trust between organizational boundary role persons [J]. Organizational Behavior and Human Decision Processes, 1995 (64): 151-170.

[205] Graen G, Novak M, Sommerkamp P.The effect of leader-member exchange and job design on productivity and satisfaction: Testing a dual attachment mode [J]. Organizational Behavior and Human Performance, 1982 (30): 109-131.

[206] Tan H H, Tan C S F.Toward the differentiation of trust in supervisor and trust in organization [J]. Genetic, Socail, and General Psychology Monographs, 2000, 126 (2): 241-260.

[207] Simonin B L.The importance of developing collaborative know-how: An empirical test of the learning organization [J]. Academy of Management Journal, 1997, 40 (5): 1150-1174.

[208] Daghfous A.Absorptive capacity and the implementation of knowledge-intensive best practices [J]. SAM Advanced Management Journal, 2004, 69 (2): 21-27.

[209] Grant R M.Prospering in dynamiccally-competitive environments: Organization capability as knowledge integration [J]. Organization Science, 1996, 7 (4): 375-387.

[210] Jansen J J P, Van Den Bosch F A J, Volberda H W.Managing potential and realized absorptive capacity: How do organizational antecedents matter? [J]. The Academy of Management Journal, 2005, 48 (6): 999-1015.

[211] Teigland R, Wasko M M.Knowledge transfer in MNCs: Examining how intrinsic motivations and knowledge sourcing impact individual centrality and performance [J]. Journal of International Management, 2009 (15): 15-31.

[212] Sarin S, Mcdermott C.The effect of team leader characteristic on learning, knowledge application, and performance of cross-functional new product development teams [J]. Decision Sciences, 2003, 34 (4):

707-739.

[213] Dyer J H, Singh H.The relational view: Cooperative strategy and sources of interorganizational competitive advantage [J]. The Academy of Management Review, 1998, 23 (4): 660-679.

[214] Carneiro A.How does knowledge management influence innovation and competitiveness? [J]. Journal of Knowledge Management, 2000, 4 (2): 87-98.

[215] Christine W S, Midgley D F, Devinney T M.The Process of knowledge creation in organizations [J/OL]. Available at SSRN : https: //ssrn. com/abstract=376080 or http: //dx.doi.org/10.2139/ssrn.376080, 2002 (3).

[216] Teece D J, Pisano G, Shuen A.Dynamic capability and strategic management [J]. Strategic Management Journal, 1997 (18): 509-533.

[217] Iansiti M, West J.Technology integration: Turning great research into great products [J]. Harvard Business Review, 1997, 75 (3): 69-79.

[218] Sobrero M, Roberts E B.Strategic management of supplier-manufacturer relations in new product development [J]. Research Policy, 2002 (31): 159-182.

[219] Von Hippel E.The source of innovation [M]. New York: Oxford University Press, 1988.

[220] Reed M I.Expert power and control in late modernity: An empirical review and theoretical synthesis [J]. Organization Studies, 1996, 17 (4): 573-597.

[221] Koskinen K U, Pihlanto P, Vanharanta H. Tacit knowledge acquisition and sharing in a project work context [J]. International Journal of Project Management, 2003 (21): 281-290.

[222] Johannisson B, Ramirez-Pasillas M. Networking for entrepreneurship: building a topography model of human, social and cultural capital [C]. Entrepreneurship Research Conference.Babson College Jonkoping Sweden, 2001.

[223] Batjargal B.Social capital and entrepreneurial performance in Russia: A longitudinal study [J]. Organization Studies, 2003, 24 (4): 535-556.

[224] Giuliani E, Bell M.The micro-determinants of meso-level learning and innovation: Evidence from a chilean wine cluster [J]. Research Policy, 2005, 34 (1): 47-68.

［225］ 王晓娟．知识网络与集群企业竞争优势研究［D］．杭州：浙江大学，
 2007.

［226］ 彭澎．基于社会网络视角的高技术企业集群成长机制研究［D］．长春：吉
 林大学，2007.

［227］ 朱亚丽．网络中心性对企业间知识转移影响的实证研究［J］．技术经济，
 2008（12）：1-6.

［228］ Krackhardt D.The strength of strong ties ［M］// Nohria N，Eccles R G
 （Eds.）．Networks and Organizations：Structure，Form，and Action.
 Boston：Harvard Business School Press，1992：216-239.

［229］ Ibarra H.Network centrality，power，and innovation involvement：De-
 terminants of technical and administrative roles ［J］．Academy of Man-
 agement Journal，1993，36（3）：471-500.

［230］ Dhanaraj C，Lyles M A，Stennsma H K，et al.Managing tacit and explic-
 it knowldge transfer in IJVs：The role of relational embeddedness and
 the impact on performance ［J］．Journal of International Business Stud-
 ies，2004（35）：428-442.

［231］ Li L.The effects of trust and shared vision on inward knowledge transfer
 in subsidiaries' intra- and inter-organizational relaitonships ［J］．Inter-
 national Business Review，2005（14）：77-95.

［232］ Kwuon I G，Suh T.Factors affecting the level of trust and commitment in
 supply chain relaitonship ［J］．Journal of Supply Chain Management，
 2004，40（2）：4-15.

［233］ Mcevily B，Marcus A.Embedded ties and the acquisition of competitive
 capabilities ［J］．Strategic Management Journal，2005（26）：1033-
 1055.

［234］ Chiu C M，Hsu M H，Wang E G.Understanding knowledge sharing in
 virtual communities：An intergration of social capital and social cognitive
 theoties ［J］．Decision Support Systems，2006（42）：1872-1888.

［235］ 柯江林，郑晓涛，石金涛．团队社会资本量表的开发及信效度检验［J］．
 当代财经，2006（12）：63-66.

［236］ Tsang W K.Acquiring knowledge by foreign partners from international
 joint ventures in a transition economy：Learning-by-doing and learning
 myopia ［J］．Strategic Management Journal，2002（23）：835-854.

［237］ Norman P M.Knowledge acquisition，knowledge loss，and satisfaction
 in high technology alliances ［J］．Journal of Business Research，2004

(57)：610-619.

[238] Steven X，Garry S，Bruton D. Knowledge acquisition，cost savings，and strategic positioning：Effects on Sino-American IJV Performance [J]. Journal of Business Research，2005，58（11）：1465-1473.

[239] 黄延聪. 跨国代工联盟中产品开发之知识取得与能力发展 [D]. 台北：台湾大学，2002.

[240] Presutti M，Boari C，Fratocchi L. Knowledge acquisition and the foreign development of high-tech start-ups：A social capital approach [J]. International Business Review，2007，16（1）：23-46.

[241] 王立生. 社会资本、吸收能力对知识获取和创新绩效的影响研究 [D]. 杭州：浙江大学，2007.

[242] 郑景华，汤宗益. 知识整合能力模式之研究 [J]. Journal of Information，Technology and Society，2004（1）：19-45.

[243] Tiwana A. The influence of knowledge intergration on project success：An empirical examination of e-business teams [D]. Atlanta：Georgia State University，2001.

[244] Park M，Nepal M P，Dulaimi M F. Dynamic modeling for constrction innovation [J]. Journal of Management in Engineering，2004，20（4）：170-177.

[245] Pulako E D，Sharon A，Michelle A D. Adaptabiliy in the workplace：Development of a taxonomy of adaptive performance [J]. Journal of Applied Psychology，2000（85）：612-624.

[246] Janz B D，Colquitt J A，Noe R A. Knowledge worker team effectiveness：The role of autonomy，interdependence，team development，and contextual support variables [J]. Personnel Psychology，1997（50）：887-904.

[247] Lovelace K，Shapiro D L，Weinpart L R. Maximizing cross-functional new product teams' innovativeness and constraint adherence：A conflict communications perspective [J]. Academy of Management Journal，2001，44（4）：779-793.

[248] Cooke P and Clifton N. Social capital，and small and medium enterprise performance in the United Kingdom [R]. Paper Prepared for the Workshop on Entrepreneurship in the Modern Space-Economy：Evolution and Policy Perspectives，Amsterdam，2003.

[249] 荣泰生. AMOS 与研究方法 [M]，重庆：重庆大学出版社，2009.

［250］ Nunnally J C.Psychometric theory ［M］. New York： McGraw-Hill，1978.

［251］ 吴明隆. 问卷统计分析实务——SPSS 操作与应用［M］. 重庆：重庆大学出版社，2010.

［252］ 马庆国. 管理统计［M］. 北京：科学出版社，2002.

［253］ 卢纹岱. SPSS for Windows统计分析［M］. 北京：电子工业出版社，2002.

［254］ 赵富强. 基于PLS路径模型的顾客满意度测评研究［D］. 天津：天津大学，2010.

［255］ Pirouz D M.An overview of patial least aquares ［J/OL］. Available at SS-RN： https：//ssrn.com/abstract=1631359 or http：//dx.doi.org/10.2139/ssrn.1631359.2006（10）.

［256］ Ringle C M，Wende S，Will A.SmartPLS：2.0 M3（Beta）［Z］. https：//www.smartpls.com/.University of Hamburg，Germany，2005.

［257］ Chin W W，Newsted P R.Structural equation modeling analysis with small samples using partial least squares ［M］//Hoyle R H.（Eds.）. Statistical strategies for small sample research.Thousand Oaks： CA： Sage Publications，1999：307-341.

［258］ Barclay D，Higgins C，Thompson R.The partial least squares（PLS）approach to casual modeling：Personal computer adoption and use as an illustration ［J］. Technology Studies，1995，2（2）：285-309.

［259］ Fornell C，Larcher D F.Structural equation models with unobservable variables and measurement error ［J］. Journal of Marketing Research，1981，18（1）：39-50.

［260］ Chin W W.Issues and opinion on structural equation modeling ［J］. MIS Quarterly，1998，22（1）：7-16.

［261］ Podsakoff P M，Mackenzie S B，Lee J，et al.Common method biases in behavioral research：A critical review of the literature and recommended remedies ［J］. Journal of Applied Psychology，2003，88（5）：879-903.

［262］ 郝冉. PLS路径建模在2007北京市诚信调查中的应用研究［D］. 北京：首都经济贸易大学，2008.

［263］ 温忠麟. 张雷，侯杰泰，等. 中介效应检验程序及其应用［J］. 心理学报，2004（5）：614-620.

［264］ Baron R，Kenny D.The moderator-mediator variable distinction in social psychological research ［J］. Journal of Personality and Social Psychology，1986（51）：1173-1182.

索引